岩 波 文 庫
38-605-2

ア デ ュ ー

―― エマニュエル・レヴィナスへ ――

デ リ ダ 著
藤 本 一 勇 訳

岩 波 書 店

First published 1997 by Éditions Galilée, Paris.
Japanese edition first published 2004.
This Japanese edition published 2024
by Iwanami Shoten, Publishers, Tokyo
by arrangement with Éditions Galilée
through le Bureau des Copyrights Français, Tokyo.

「アデュー」は、エマニュエル・レヴィナスの死に際して、一九九五年一二月二七日、パンタン墓地で読み上げられた弔辞であった。

悲しみと闇夜のなかからかくも素早く絞り出されたこの言葉たちは、ヴァンゲリス・ビトソリスが、アテネで、ギリシア語で、惜しみない厳格な配慮をもって編集した小さな書物(Editions AGRA)のかたちで、まず先導的に活字にされなかったならば、私たちもそれを出版しようとは絶対に思わなかっただろう。私たちがここに再録した彼の注は「訳者注」以上のものである。まず第一に、彼がその注を書いたこと、次に、私たちのためにそれを翻訳してくれたことを、彼に感謝したい。

「迎え入れの言葉」は、その一年後、一九九六年一二月七日に、「エマニュエル・レヴィナスへのオマージュ」の開会の辞として、ソルボンヌ大学のリシュリュー講堂で読み上げられた講演であった。ダニエル・コーエン゠レヴィナスの責任のもと、哲学国際コレージュによって組織されたこの会合は、「顔とシナイ」という題で、二日間開催された。

目　次

＊訳出において原文の« »(引用符)は「 」で、大文字で始まる単語は《 》で示した。また原文におけるイタリック体は傍点による強調とした。ただし、レヴィナスの引用文がデリダの原文で全部イタリック体になっている箇所は強調を示してはいないと解釈し、通常の文章として扱う。そこではむしろ立体の単語のほうが強調されていると理解し、翻訳では傍点をふった(英訳も同様の処理をしている)。デリダが引用箇所に付した註記には[ ]を用いた。原文中の( )はそのままとしたが、文意を明確にするために訳者が( )を補ったところもある。訳者による補足・説明、ならびに訳文中に原語を指示する場合には〔 〕を用いた。〈 〉は、単語や文章のつながりを明確にするために訳者が挿入した。

アデュー

長いあいだ、かくも長いあいだ、私はエマニュエル・レヴィナスに《アデュー》と言わなければならないのではないかと恐れていました。

彼にアデューと言わなくてはならないときに、とりわけ声をあげて、ここで、彼の前で、彼の傍らのこんなに近くで、アデューと言わなくてはならないときに、アデューというこの語を発しながら、私の声が震えてしまうことはわかっていました。「ア-デュー〔à-Dieu: 神の御許に〕」というこの言葉――それは私が彼からいわば授かった言葉であり、彼が他の仕方で思考し[1]、他の仕方で発することを教えてくれたことになる言葉です。

エマニュエル・レヴィナスが「アデュー〔adieu〕」というフランス語について書き残したこと――それを私はいまから呼び起こそうとするわけですが――これを熟考することで、私がここで言葉を発する励ましのようなものを見つけられればと思います。飾りのない裸形の言葉――私の苦悩と同じく、言葉を奪われた子供のように無防備な言葉――こうした言葉によって私は語りたいと思います。

ひとはこのような瞬間に誰に宛てて語りかけるのでしょうか？　そして誰の名においてであれば、語りかけることを許されるのでしょうか？　こうした機会に話をするために、公衆の面前で話をするために、前に進み出る者たち。心の奥底で亡くなった友人や師とまだ結ばれ続けている生者たちのつぶやきや内面のやりとりをさえぎる者たち。つまり墓地で自分の言葉を響かせる者たちは、もう存在しない、もう生きていない、もうそこにいない、もう応答することはないと、しばしばそのように言われる者に向けて、直接的に、まっすぐに語りかけるにいたります。涙に声を震わせて、そうした者たちは沈黙を守る他者に向かって親しくtuやtoiで話しかけます[1]。彼らは迂回も媒介もなしに他者を呼びとめ、こちらを振り向かせ、賞賛したり、意中を打ち明けたりします。それは必ずしも儀礼上の必要ではありませんし、追悼演説の安直なレトリックというわけでもありません。むしろ言葉が欠けているところで、言葉を横断するためです。さらに言えば、自己へ、私たちへ舞い戻るおよそどんな言語活動も、傷心の共同体へ、傷心の共同体の慰めや喪へ、すなわち「喪の作業」という混沌とした恐るべき表現で呼ばれるものへ回帰する反省的な言説であって、どんな言語活動もおよそ慎みのないものと思われます。だからこそ言葉を横断しなくてはならないのです。自分自身だけに専心した言葉では、その回帰構造のせいで、ここで私たちを司る法に、すなわち廉直さという法に背いてしまうでしょう。他者へまっすぐに語ること、他者へ宛てて直接的に語りかけること、また愛し敬服する他者について語る前に他者へ向けて[2]語ること。彼エマニュエルに「アデュー」と言うこと。――彼がある種の《アデュー》について教えてくれた内容を思い出すだけにとどまらずに。

この「廉直さ」という言葉もまた、エマニュエル・レヴィナスから私にやって来て、私がそれを他なる仕方で聞き始め、学び始めた言葉です。レヴィナスが廉直さについて語っているあらゆる箇所のなかでもまっさきに思い浮かぶのは、『タルムード四講話』のなかの一講話です。なぜなら、そこでの廉直さは、レヴィナス曰く、「死よりも強力な[2]」ものを名指しているからです。

しかし「死よりも強力」であると言われるどんなもののなかにも、逃げ場やアリバイを、さらには慰めを求めることはやめましょう。エマニュエル・レヴィナスは廉直さを定義するために、「「シャバット」のテクスト[3]」のなかで、良心＝意識[3]について次のように語っています。良心＝意識とは、「他人へ連れてゆく使命の切迫のことであって、自己への永遠回帰のことではない[4]」。また良心＝意識とは、「無邪気ではなく無垢であり、愚直さではなく廉直さである。それは絶対的な自己批判でもある絶対的な廉直さであり、その自己批判は、この廉直さの極限の項〔相手〕である者の眼のなかに、すなわちその眼差しが私を問いただす者の眼のなかに、読み取られる。超越能力をもつことのない気晴らしが自己という起源点へ帰着するのとは違って、自己という起源点に帰着することのない他者への運動だ。気づかい[4]の彼方への、死よりも強力な運動。ヤコブの本質であるTemimouth[5]と呼ばれる廉直さ[5]」。

この同じ省察は、私たちがエマニュエル・レヴィナスの思想のおかげで目を向けるようになった大きな主題のすべてを、いつものように、しかしそのつど特異な仕方で、作動させていました。そうした大きな主題には、なによりもまず応答責任〔responsabilité〕の主題があります。それは私の自由をはみ出し、それに先立つ「際限のない[6]」責任のことです。このテクストによれば、「条件付きではないウィ[7]」の責任であり、「無邪気な自発性よりも古いウィ[8]」、「解約不可能な契約への根源的な忠実さ[9]」としての廉直さと調和するウィの責任です。そしてこの《講話》の最後の言葉は、なるほど死へ舞い戻ります[10]。ですが、それはまさしく最後の言葉〔最終決定権〕も最初の言葉をも、死に対して許さないようにするためです。《講話》の最後の言葉が私たちに思い出させるのは、死に関するたえざる巨大な省察だったもの〔哲学〕に見られる一貫したモチーフであることは確かです。ですがこの想起は、プラトンからハイデガーにいたる哲学の伝統を逆手にとる道においてなされています。他のところ、別の書き物では、ア-デューが何であるべきかが語られる以前に、「隣人の顔の極度の廉直さ」が、「無防備に死へ曝されることの廉直さ[11]」として語られています。

ここで、いくつかの単語を尺度にしてエマニュエル・レヴィナスの作品を測定することなど私にはできませんし、そんなことを試してみようとさえ思いません。レヴィナスの作品はそのへりをもはや目にすることができないほど、それくらい巨大です。そして、「作品[12]」とは何であるかを思考すること、豊饒さ[13]を思考することを、彼から、そしてたとえば『全体性と無限』から、まずは学びなおさなければならないでしょう。レヴィナスの作品には何世紀にもわたる読解が費やされるだろうと、自信をもって言うことができます。すでにフランスとヨーロッパをはるかに越えて、私たちは日々そのおびただしい兆しを、かくも多くの言語で書かれたかくも多くの著作を通して、かくも多くの翻訳や講義やセミネール、シンポジウムなどを通して目にしています。この思想の反響は私たちの時代の哲学的な反省の流れを、そして哲学についての反省の流れを変えることになるでしょう。哲学を倫理へ秩序づけるように命じるもの、すなわち哲学を、倫理、責任、正義、国家などについての別の思考へ、他者の別の思考へ秩序づけるように命じるもの、つまり他人の顔の絶対的な先行性に秩序づけられているがゆえに、数多の最新のものよりもさらに新生な思考へ哲学を秩序づけるもの――こうしたものについて反省の流れを変えることになるでしょう。

そう、それは存在論や国家や政治以前の、それらの彼方にある倫理ですが、けれどもまた倫理の彼方にある倫理でもあります。ある日、ミケランジェロ通りで、その想い出が私にとってたいへん大切な会話の一つの最中に、彼の思考のひらめきや、微笑みの善良さや、省略的な語り口の優美なユーモアに彩られた会話の最中に、彼はこんなことを言いました。「ねえ、私がやっていることを語るときに、人はよく倫理と言うけれど、つまるところ私の関心の的は倫理ではない、倫理ばかりではない。それは聖なるもの、聖なるものの聖性なのだよ」。そのとき私の頭に浮かんだのは、ある奇妙な分離、神によって与えられ命じられたあのヴェールの類い稀なる分離のことでした。それは、モーセが刺繍職人にではなく発明家ないし芸術家に委ねなければならなかったヴェールであり、聖所内でさらに至聖所を切り離すヴェールでした[14]。また私は、別の『タルムード講話』で先鋭化された、神聖と聖性との区別（必要な区別です）のことも思い浮かべました。聖性とは、言い換えれば、他者の聖性、人格の聖性のことです。エマニュエル・レヴィナスは他のところで人格について次のように言っていました。人格は、「大地よりも聖なるもの――たとえその大地が《聖地》であろうとも。侮辱された人格を脇においたままでは、この大地――聖なる約束された地――も裸の荒地にすぎず、木と石の山にすぎない[15]」。

倫理についてのこうした省察、すなわち聖なるものが神聖なものを超越することについての、換言すれば複数の根の多神教《パガニスム》や場所の偶像崇拝を超越することについてのこうした省察は、ご存知のように、昨日、今日、明日のイスラエルの運命と思考に関するたゆまぬ反省と不可分でした。たんに聖書やタルムードの伝統の遺産――それは繰り返し問いなおされ、肯定されなおされます――を通してだけではなく、私たちの時代の恐ろしい記憶の遺産をも通してなされる反省と不可分でした。この記憶は、レヴィナスの先ほどの文章の一言一句を陰に陽に規定しています。たとえこの記憶とホロコーストへの依拠がときに陥る、ある種の自己正当化のための濫用に対してレヴィナスが抗議したとしてもです。

けれども、注釈や質問は放棄しましょう。私はただ、その人の思考が、友情が、信頼が、「善良さ」が（私はこの「善良さ」という言葉に、『全体性と無限』の最後の数頁がもたらしてくれる全射程[16]を見ます）、他の人々と同じく私にとっても生き生きとした源泉だったその人に、感謝を返したいだけなのです。その源泉がとても生き生きとし、つね変わらぬものだったので、彼あるいは私に今日起こっていることを、私は思考することができないでいます。すなわち、この中断、私が生きているかぎり決して終わることのない応答におけるある種の〈答えなし〉を、私は思考することができないのです。

〈答えなし〉。ご存知でしょうが、レヴィナスは、「死と時間」に関する一九七五―七六年（ちょうど二〇年前です）の見事な講義[17]のなかで、死を時間の忍耐と定義しました[18]。そしてプラトンばかりでなく、ヘーゲル、そしてとりわけハイデガーをも向こうにまわし、偉大にして高貴な批判的な説明に乗り出している場所で、死、すなわち「他人の顔のうちで」「私たちが出会う」[19]死を、答えなし[20]として繰り返し定義しました。「死とは答えなしである」[21]と彼は言います。他のところではこうです。「帰還することのない旅立ちすなわち逝去がもつ両義性ばかりでなく、答えなしの躓き（「彼が死んだなんてことがあっていいのか？」）と私の応答責任という両義性をもつねにはらんだ、ある終わりがそこにはある[22]」。

死――それはまず第一に、無化や非存在や無などではなく、生き残った者にとって、「答えなし」のある種の経験＝試練です。すでに『全体性と無限』は、死についての伝統的な「哲学的かつ宗教的な」解釈（「無への移行」としてであれ、「別の実存への移行」としてであれ）を問い返していました[23]。死を無として同定することは殺害者が望むことです。カインがその例であり、カインは「死を無と考えたはずである[24]」と、エマニュエル・レヴィナスは言います。しかし、そうした無でさえ、そのとき「一種の不可能性」として、あるいはもっと正確には、一つの禁止命令として、現れるのです[25]。他人の顔は私に殺すことを禁じるのであり、たとえ殺しを不可能にする禁忌でも、やはり殺しの可能性を前提にしているとしても、他人の顔は「汝、殺すなかれ[26]」と私に命じるのです。してみれば、こうした応答なき問い、〈答えなし〉の問いは、殺しの禁忌と同じく、非－派生的すなわち始源的であって、「存在するか、存在しないか（在るべきか、在らざるべきか）[27]〔6〕」という二者択一よりも根源的だということになるでしょう。つまり「存在するか、存在しないか」という二者択一は、第一のあるいは最終的な問いではないのです。別の試論の結論によれば、「存在するか、存在しないか」は「たぶん、とりたてて卓越した問いではない[28]」のです。

レヴィナスによるこの結論から今日私がとりあげたいのは、喪のなかで無へ向かおうとするあらゆるものを、換言すれば、たとえ潜在的にであれ、なおも有罪性を殺人に結びつけるあらゆるものを、私たちの無限の悲しみは避けなければならないということです。なるほどレヴィナスは生存者《サバイバー》の有罪性ということを言いますが、それは落度も負債もない有罪性であり、実を言えば、付託された応答責任のことです。しかも比すべきもののなき感情の瞬間において、すなわち死が絶対的な例外[29]であり続ける瞬間において付託されるような、そんな応答責任なのです。先例なきこの感情、すなわち私がここで強く感じ、あなたがたと分かちもっているような感情、恥じらいのためにそれをひけらかすことが禁じられている感情、そんな感情を語るために、そしてこの特異な感情がいかなる点において付託された(遺産として付託された)応答責任に起因するのかを、個人的な打ち明け話やひけらかしなしに明らかにするために、またもやエマニュエル・レヴィナスに言葉を譲りましょう。私は今日それほどレヴィナスの声を聞きたいと思っているのです。その声は一九七五―七六年の講義のなかで、「死すべき者としての他者に私が責任を負っている」ときの「他者の死」こそが「第一の死[30]」だと語り、さらに次のように言います。

誰かの死は、それが一見どう見えようと、経験の事実性（すなわち、帰納法によってのみその普遍性が示唆されうる経験的事実としての死）などではない。誰かの死は、そうした現れには尽くされない。

裸形性――すなわち顔――のなかで自己を表出する誰かは、私に訴えかけ、私の応答責任のもとにみずからを置くにいたる誰かである。そのときからすでに、私はその者に応答する責任をもつ。他人のあらゆる仕草は、私に宛てて語りかけてくるなんらかの表徴《シーニュ》であった。先に素描した漸層法を再び用いるなら、自己指示、自己表出、自己社会化、私に付託されてあることだ。自己表出する他人は私に付託されてある（そして他人への負債は存在しない――なぜなら負わされたものは弁済不可能だからだ。すなわち支払いを済ませてさっさと立ち去るわけにはいかないのだ）。「もっと後で、自我にとっての「いかなる負債をも越えた義務」が問題となるでしょう。自我がそれであるところのもの、すなわち自我が単独的で自己同定が可能でありうるのは、ひとえに自我の取り換え不可能性によります。ですが、その場合の取り換え不可能性とは、「他人のための応答責任」「人質としての応答責任」が置換㉛と供犠の経験となるような、そんな取り換え不可能性のことです。」 他人は、彼について私が有する応答責任のなかへ私を個別化する。死につつある他人の死は、応答責任を負う自我という私の同一性そのものにおいて〔……〕、いわく言いがたい応答責任からなる私の同一性そのものにおいて、私を触発する。[7] まさにそれだ、他人の死による私の触発、他人の死との私の関係だ。この触発は、いまや応答することのない誰かとの私の関係において、すなわち敬意において、すでに有責性――すなわち生存者の有責性――なのである。㉜

さらにその先では、こうも言われています。

死に深さを与える〈例‐外〉――死が存在と無との関係でどのような意味をもとうとも、死は例外である――において死と関係することは、観照することでもなければ志向することでもない(プラトンのように存在を観照することでも、ハイデガーのように無を志向することでもない)。[8] 死への関係は純粋に情動的なものであり、すなわち事前に準備された知が感性や知性に反響して作り出すのとは違った情動によって、人を突き動かす関係である。それは未知のものに包まれた情動、運動、不安である[33]。

未知が強調されています。「未知」とは、認識の否定的な限界のことではありません。この非-知は、異邦人の超越のための、他者の無限な距離のための、友愛あるいは歓待の境域《エレメント》です。「未知」とは、モーリス・ブランショが、一九二三年のストラスブールでの出会い以来、友となった人、友の友愛性そのものとなった人〔レヴィナスのこと〕に捧げた、「未知なるものの認識[34]」という試論のタイトルに選んだ単語です。

おそらくあなたがたの多くにとって、そして間違いなく私にとって、モーリス・ブランショとエマニュエル・レヴィナスとのあいだの絶対的な忠実さ、思想における範例的な友愛、すなわち友愛そのものは、恩寵となりました。それはこの時代にとって一種の祝福であり続けます。またブランショ、レヴィナス両名の友人という格別の特権に浴した人々にとっても、一つならぬ理由から、祝福と言える幸運です。今日なおも、まさにここで、ブランショがレヴィナスのために=代わりに、レヴィナスとともに語るのを聞く(私が一九六八年のある幸運な日に、彼らと一緒にいるときに起こったように)ために、いくつかの文言を引用しましょう。ブランショは、他者から渡来し私たちを魅了するものを名指し、ある種の「拉致」[35](これはレヴィナスが死を語るためにしばしば用いた語です)[36]について語り、その後で次のように言います。

だが、哲学に絶望する必要はない。エマニュエル・レヴィナスの書物[『全体性と無限』]は、哲学がまったく語っていないと私には思われる書物である。しかし私たちの時代において、哲学よりも深刻な仕方で、私たちの思考法を――存在論に対する安易な畏怖までをも――しかるべく俎上にのせなおすこの書物によって、私たちは、哲学が本質的にあるべき姿に責任をもたねばならなくなるように呼びかけられる。それは、まったき炸裂と無限な要請(これらは哲学に固有なものである)において、まさしく《他者》の観念を、換言すれば、他人との関係を迎え入れることによる。そこには哲学の新たな出発とでも言うべきものがあり、哲学と私たち自身が遂行するよう励まされる跳躍がある。[37]

他者への関係は、無限な分離を、すなわち顔がそこに姿を現す無限な中断を前提とするわけですが、この第一の分離が、死というまた別の中断によってさらに無限を穿たれるとき、何が起こるのでしょうか？　そしてそれはどこで、誰に起こるのでしょうか？　中断そのものの最中における胸を引き裂くような中断。この中断という名を出すとき、おそらくあなたがたのうちの幾人かと同じく、私がエマニュエル・レヴィナスに感じた、中断に対するあの激しい恐れを思い起こさずにはいられません。たとえば電話のときなど、彼は相手〔他者〕からの切断、沈黙あるいは相手がいなくなってしまうこと、すなわち相手からの「答えなし」を、一瞬一瞬心配している様子で、すぐさま「もしもし」と、一言ごとに、そしてときには言葉の途中でさえ、相手を呼び戻し、摑まえなおそうとするのでした。

その人の生きた姿を知っており、その人のものを読んだり再読し、またその声を聞いたこともある偉大な思想家が沈黙するとき、いったい何が生じるのでしょうか？　別の仕方で思考することを助けてもらうだけでなく、その人の署名のもとですでに読解済みと思っていたもの、そしてすべてを保蔵しているもの、認知済みと思われるよりもはるかに多くのことを保蔵しているもの、そうしたものを読むことさえ助けてくれるはずだとばかりに、私たちはその人からなんらかの応答をなおも待ち望んでいたわけですが、そうした偉大な思想家が沈黙するとき、いったい何が生じるのでしょうか？

これこそは、エマニュエル・レヴィナスとともにあることの、そしてたえざる源泉としてのその思想とともにあることの経験であり、この経験は私にとって際限のないものにとどまるということを、すでに学んだのでした。その思想がたえざる源泉だというのは、言い換えるなら、私がその思想とともに、それが与えてくれる新たな始まりから出発して、たえず思考し始め、思考しなおすだろうということです。そして、どんな主題を論じていても、その思想を何度も何度も再発見しては始めなおすだろうということです。エマニュエル・レヴィナスを読み、読みなおすそのたびに、私は感謝と賞賛で目が眩みます。強制とは違う、とても優しい力の必然性によって目が眩みそうなのです。その優しい力は縛ります。けれどもその場合の縛りとは、他者の尊重のために思考空間を別様に屈服させることではなく、まったき他者へ私たちを関係づける[9]ような、別の他律的な湾曲[38]に従うことです（〈まったき他者へ〉とは、言い換えれば、レヴィナスがある箇所で潜勢力に富む恐るべき省略法で語るように、正義へ、ということです。すなわち、レヴィナス曰く、他者への関係は、換言すれば、正義なのです[39]）。つまり、まったき他者が有する他なる無限な優先性に従うよう呼びかける法に則って、他律的な湾曲に従うことです。

まったき他者の無限な優先性は、こうした呼びかけとして、フッサールあるいはハイデガー(そもそも六五年以上も前に、彼らの思想をフランスに導入したのはレヴィナスだったのです!)を始めとする、この千年紀の終わりにあって最も強力で最も確信に満ちた思想群を、慎み深くも不可逆的な仕方で壊乱しに来たことになるでしょう。レヴィナスがその歓待的な性格を愛したこの国(『全体性と無限』は、「言語作用の本質が善良さである」ことばかりでなく、また「言語作用の本質は友愛と歓待である」ことも証明しています(40))、歓待のこの国フランスは、数多のことのなかでも、数多の威光のなかでもとりわけ、少なくとも思想上の二つの闖入の出来事をレヴィナスに負っています。それは時代を切り開いた二つの行為であり、今日その重要さを推し量ることは困難です。それほどまでに、この二つの行為は、私たちの哲学文化の風景を一変させ、その境位と一体化してしまったのです。

第一の行為は、手っ取り早く言えば、レヴィナスが早くも一九三〇年から、彼の解釈を含む翻訳と読解によって、フッサール現象学への最初の幕開けをもたらしたことであり(その後フッサール現象学は、フランスにおける数多の哲学潮流の水脈となり、豊饒さをもたらしたのでした)、それから(本当は同時ですが)ハイデガー思想への最初の幕開けをもたらしたことです。ハイデガーの思想もまた、フランスにおける数多の哲学者、教授、学生の系譜にとって、フッサール現象学に劣らず重要なものとなりました。一九三〇年からすでに、フッサールとハイデガーが同時に存在したのです。

昨晩、私はあの驚異的な書物(41)――多くの先輩たちと同じく私にとっても、最初にして最良の案内書となったあの書物――のいくつかの頁を読みなおそうと思いました。この書物のおかげで私たちがどれだけの道のりを踏破できるようになったかがわかるエポック・メイキング的な文章が、いくつか私の目に留まりました。一九三〇年に、二三歳の若者が序文で次のように言っているのです。それを私は微笑みとともに、レヴィナスに微笑みかけながら再読しました。「フランスでは現象学がまだ周知の学説でないという事情から、本書の構成にはとても苦労した(42)」。また同書は、「本書への影響がしばしば認められるだろう(43)」「M・ハイデガーの潜勢力に富む独創的な哲学(44)」について語りながら、(引用します)「超越論的現象学が本書でみずからに課す難問は、存在論(ハイデガーがこの用語に与えるきわめて特殊な意味での存在論)の難問へと導かれる(45)」とも指摘しています。

第二の出来事、すなわち第二の哲学的地震——それを私は、レヴィナスに負っている幸運な外傷とさえ言いたいと思います(レヴィナスが呼び出すことを好んだ意味での「外傷」、すなわち他人から到来する「他者の外傷」[46])。それがどのようなことかと言えば、以下のとおりです。エマニュエル・レヴィナスは、今しがた名を挙げた思想家ばかりでなく、その他の多くの思想家についても——すなわちデカルト、カント、キルケゴールといった哲学者もそうですが、またドストエフスキー、カフカ、プルースト等々の作家についても——深く読解し解釈しなおし、出版物や(東方イスラエル高等師範学校や哲学コレージュ[10]、そしてポワティエ、ナンテール、ソルボンヌといった大学での)教育や講義を通して、惜しみなく言葉を費やしています。そうすることで、現象学や存在論(これは一九三〇年にすでに彼がフランスに導入していたものです)の軸線や軌道や秩序そのものを、ゆっくりとではあれ、不屈で率直な要求に服させるためにずらしたのです。かくして彼は、思考の風景なき風景をもう一度転覆させたのでした。彼はそれを威厳をもって、論戦のためでなく、忠実に内側からと同時にとても遠くから、まったく他なる場の証示から出発しておこなったのです。私が思うに、この第二の航海で生じたこと、第一の段階よりもはるかに高いところへ連れ戻すこの第二の段階で生じたことは、慎ましやかではあるが不可逆的な変異でした。歴史のなかには、二〇〇〇年以上も前から、さまざまな力強い、特異な、稀なる挑発が存在し、ユダヤ思想とその他の思想(すなわち、ギリシア系譜の哲学や、「我ここに」[47]の伝統に連なる別のアブラハム的一神教)とのあいだの、たんなる対話以上あるいはそれ以下――いずれにせよたんなる対話とは別物――の空間と身体に、抹消不可能な刻印を残してきました。レヴィナスによる変異はそうした挑発の一つです。この変異は手渡されました。それは彼を通して、エマニュエル・レヴィナスを通して起こりました。[11] レヴィナスはこの計り知れない責任を意識していたと思います。預言者の意識のように、明確に、自信をもって、冷静に、そして慎ましやかに。

この歴史的な衝撃波の形跡の一つは、レヴィナスの思想が、哲学をはるかに越えて、またユダヤ思想をもはるかに越えて、たとえばキリスト教神学界に与えた影響です。ユダヤ知識人会議で、私たちが二人でアンドレ・ネエルの講演を聴いていた日のことに触れさせてください。そのときエマニュエル・レヴィナスは、お馴染みのやんわりとした皮肉でもって、こっそり私にこう言ったのでした。「ね、彼はプロテスタントのユダヤ人で、僕はカトリックだろ」。これは長く真剣な考察に値する冗談です。

　おそらくそこで起こったこと、彼を通して、彼のおかげで起こったこと――それを私たちは生ける者として、生ける彼から、生ける者から生ける者へ付託された応答責任として受け取る幸運に恵まれたばかりではありません。私たちはそれを軽やかな無辜の負債として彼に負うという幸運にも恵まれているのです。あるときレヴィナスは、死に関するみずからの研究について、そしてその研究がハイデガーから切り離されるまさにその瞬間にハイデガーに負うものについて、次のように書きました。「したがって、それ〔死に関するレヴィナスの研究〕は、ハイデガーの思考から差異化されるのであって、現代のあらゆる研究者がハイデガーに負う負債――しばしば心ならずも負っている負債――がどのようなものであれ、そうなのだ[48]」。それに対して、私たちは彼への負債を、彼のおかげで、心置きなく、悦ばしい無垢な賞賛のなかで引き受け肯定することができます。これこそ、私たちがレヴィナスに負債を負っていることの幸運です。その幸運は、私が先ほどお話ししたあの無条件のウィの次元に属しており、私たちは幸運にも、この無条件のウィに「ウィ」と応答できるのです。心残り、私に心残りがあるとすれば、三〇年このかた、彼に無条件のウィを十分に言えなかったことであり、十分に上手く示すことができなかったことです。この三〇年間、恥じらいの沈黙の数々のなかで、短くて慎ましいいくつかの対話、あまりに間接的で控えめないくつかの書き物を通して、私たちは質問とも応答とも呼べないようなものを、しばしば送り合っていました。それはもしかすると、彼の別の言葉を使って言えば、「問い、祈り」とでもいったもの、レヴィナスが対話になおも先行すると語った〈問い－祈り〔祈りとしての問い〕〉だったのかもしれません[49]。

私を彼の方へ向けるこの〈問い－祈り〉は、私が先ほど出発点としたア－デューの経験を、もしかするとすでに分割していたのかもしれません。ア－デューという別れの挨拶《サリュ》〔「救いあれ」〕は、終わり＝目的〔fin〕を意味するのではありません。「究極的なものではない」あの「存在と無の二者択一」を斥けながら、レヴィナスは、「ア－デューは合目的性ではない」と言っています。ア－デューは、「栄光という語が存在の彼方で意味する」[50]事柄において、存在の彼方の他者に挨拶をする《サリュエ》〔敬意を表する〕のです。「ア－デューは存在のプロセスではない。呼びかけは他なる人間を通して記号を示し意味をもたらす《シニフィ》が、この呼びかけのなかで私が送り返されるのは、この他なる人間へであり、この隣人のことを〔この隣人のために＝代わりに〕私は案じなくてはならないのである」[51]。

ですが、私の望みは、ア‐デューについてレヴィナスが私たちに託したものを思い起こすだけではなく、なによりもまず彼にアデューと言うことだ、と言いました。彼にアデューと言うこと、それは彼をその名を通して呼ぶこと、彼の名を、彼の〈名前＝名以前のもの《プレノン》〉[12]を、つまり彼が自分を呼ぶとおりの姿で呼ぶことです。彼が応答することはもうありませんが、その非応答は、私たちのなかで、私たちの心の奥底で、彼が応答することでもあります。そうした瞬間に、彼にアデューと言いたいのです。その瞬間に、私たちの内部においてと同時に私たちより以前に、すなわち私たちに先立つ私たちにおいて、彼が応答するのです。――「ア‐デュー」と私たちに呼びかけながら、そして何度も呼びかけながら。

アデュー、エマニュエル。

迎え入れの言葉

ようこそ、そう《ウィ》、ようこそです。

エマニュエル・レヴィナスの傍らで、エマニュエル・レヴィナスから発して、すなわち彼の思想の痕跡のなかで、そして「顔とシナイ」という二重の記号のもとで開催されるこの出会いの入り口で、私が大胆にも発しようと思うのは、そう、まさしく、ようこそという言葉、ウィなのです。

もちろん、私はこんな大それたことを、まず最初に、私ひとりの名においておこなうわけではありませんし、そんなことを私に許可するものなど何もないでしょう。

とはいえ、こうした挨拶《サリュ》を伝える〔1〕ことはできるでしょう。

そのとき、この挨拶は一方の者たちから他方の者たちへ、〔2〕一方の男女から他方の男女へ渡っていこうとするでしょうし、そうして受け取られるがままになるばかりでなく、理解されたり解釈されたり、傾聴されたり詰問されたりもするでしょう。そうした挨拶は、儀式を常時見張っている主人の暴力を横切ろうとするでしょう。こんなふうに言うのは、危険が大きいからです。ようこそと大胆にも言うことは、ここは我が家なのだと、すなわち我が家にいるとはどういうことかを知っていると、そして我が家に受け入れたり招待したりして歓待を提供するのだと、そう遠まわしに言うことかもしれないのです。そうして、他者を迎え入れるためにある場を我が物にすること、さらに悪いことに、ある場を我が物にしながらも、それを歓待だと言い張るために他者を迎え入れることかもしれないのです。もちろん、そんなことをする権利は誰にもありませんし、私もそんなことをするつもりはまったくないのですが、しかしそうした詐称をおこなってしまうのではないかという気がかりがすでに私につきまとっています。

というのも、私はこのシンポジウムの開幕にあたって、「迎え入れ」という語について、少なくともレヴィナスの署名をもつと思われる「迎え入れ」について、ささやかで予備的ないくつかの省察をあなたがたに委ねたいと思っているからです。「迎え入れ」は、まずレヴィナスが発明しなおした言葉であり、「歓待」と呼ばれるものの思考へと私たちを招待する言葉、言い換えれば「歓待」と呼ばれるものを思考されるべきものとして私たちに与える、そうした言葉なのです。

迎え入れの最初の言葉を差し出すというふさわしからぬ名誉を、私は複数の理由から受諾しなければならないと思いました。第一の理由は、国際哲学コレージュに、その歴史と記憶とに由来し、そして私をその記憶につなぎとめておくものに由来します。幸いにも本シンポジウムの開催者となったコレージュで、エマニュエル・レヴィナスが記念すべき仕方で話をしたからというだけではありません。はっきり証言できることですが、レヴィナスはコレージュの設立に当初から賛同していました。一九八二年、私たちがコレージュの創設を準備していたときに、ミケランジェロ通りに彼を訪ねたことが思い出されます。そのとき私は彼にいくつかの助言と賛同を、そして参加の約束までをも求めに行きました。

エマニュエル・レヴィナスはそれらすべてを私に与えてくれました。最初の日からすでに彼は私たちの仲間だったのです。彼の思想はコレージュのたくさんの哲学者や作家あるいは友人たちにとって、いまでも発想源や地平であり続けています。私たちの機関のまさに内部で、講演やセミネールというかたちで彼を対象とする数多くの仕事がなされました。これは不断の熱心なエチュード、、、、[3]と言うべきかもしれません——エチュードという言葉の尊重されるべきあらゆる意味で、すなわちラテン語やヘブライ語（エチュードと翻訳されているそれ）における意味で、そしてまたまったく新しい意味で。したがって、エマニュエル・レヴィナスのはやくも一周忌のこのときに、コレージュが忠実さのしるしとして、研究熱心な内省のこの契機を生ける思考のなかに刻み込むことは正当だったわけです。私はさらに、私たちの名において、コレージュの現在の責任者の方々に、すなわち院長であるフランソワ・ジュリアン氏と、そしてとりわけプログラム・リーダーであるダニエル・コーエン＝レヴィナス女史に対して、彼らの発意によって皆の期待に応えていただいたお礼を申し上げます。

また私たちはパリ大学学区長女史にも、こうして迎え入れていただいたことに――そう、私たちのために予約してくださったこの神聖な教えの場〔ソルボンヌ大学〕へ迎え入れていただいたことに、感謝を申し上げなければなりません。まさにここで、このリシュリュー講堂で、ソルボンヌ大学の偉大な教授であるばかりでなく、ひとりの師でもあった思想家が教えていたのです。

この師はみずからの教えを、教えについての異様で困難な思考から決して切り離しませんでした。その教えとは、迎え入れというかたちの、師にふさわしい大いなる教えのことです。この迎え入れのなかで、倫理は〔ソクラテスの〕出産の哲学の伝統を中断し、産婆の姿を隠れ蓑にして師が身を隠す策略の裏をかくのです。ここで話題にしているエチュードは産婆術には縮減できません。産婆術で私たちに啓示されるものは、私にとってすでに可能なもの、自我のみである、とレヴィナスは言います。ここで私が特別扱いしたいもろもろのテーマを絡み合わせてみれば、またレヴィナスがかくも多用している「同じ〔même〕」という語の意味論的・語源的な資源（といっても、この語の文献言語学が彼の第一の関心なのではありません）をも交錯させてみれば、私たちは『全体性と無限』にならって、産婆術は私に何も学ばせないと言えるかもしれません。産婆術は私に何も啓示しません。産婆術が明らかにするのはただ、私が私自身で（ipse）知る〔savoir *moi-même*〕という、すなわち私自身について知ることができる〔pouvoir savoir de *moi-même*〕という自同的可能性にいたった〔*à même* de〕ものだけです。こうした類型表現＝場〔lieu〕のなかで、[4] 同じもの（metipse, metipsimus から派生する egomet ipse, medisme, meïsme）は、自分自身のうちに〔*en lui-même*〕権力〔pouvoir〕と知〔savoir〕とを集約し、しかも権力と知とを同じものとして、すなわち、自己に固有なものの所有権のうちにある、つまりは、みずからの本質性そのもの〔essentialité même〕のうちにある、同じ自同的可能存在〔*être-à même-de*〕として、権力と知とを集約するのです。またもしかすると、こうしたかたちで、歓待についてのある我有的な解釈、さらには歓待についてのある政治——すなわち迎え入れる側（host）に関してであれ、迎え入れられる側（guest）に関してであれ、とにかく〈主人＝客人〔hôte〕〉[5]に関する権力の政治——が告知されているのかもしれません（あとでこの点に立ち返ることにしましょう）。客人《オート》に対する主人《オート》の権力。バンヴェニストは、歓待と自己性とを二つの至高権力〔主権〕として結びつけなおす鎖について、hosti-pet-s とは「主＝師〔maître〕」[1][6] のことである、と述べています。

ところでレヴィナスにとって、教えを迎え入れることは、他者——すなわち自我や別の事物以上のもの——を与え、受け取ることです。『全体性と無限』の冒頭から早くも、次のように書かれています。

> 思考は《他人》から観念をもぎ取るだろうが、《他人》は自己表出の動きのなかでつねにこの観念をはみ出す。言説のなかで《他人》に近づくとは、そうした《他人》の表出を迎え入れることである［さっそくですが、この単語を強調させてもらいます］。つまりそれは《自我》の収容能力を越えて《他人》から受け取ることである［強調レヴィナス］。そのことの正確な意味は、無限の観念をもつということである。しかし

それはまた、教えられてあることをも意味する。《他人》との関係すなわち《言説》は、非アレルギー的な関係、倫理的な関係であるが、しかしこの迎え入れられた［強調はまたもデリダ］言説は、教えである。しかし教えは産婆術には帰着しない。それは外から到来するのであって、私が含む以上のものを私にもたらす。[2]

開会の辞という身に余る名誉を受諾しなければならないと私が思ったもう一つの理由（そしてこれは前の理由よりもさらに公言がはばかられる理由です）は、発表《コミュニケーション》の名に値する発表を、このシンポジウムに値する発表、そしてレヴィナスに値する発表＝コミュニケーション[7]を、今日のために準備することは自分の手に余る、と感じたからです。つまり、私が最初に話をするようにダニエル・コーエン＝レヴィナスからもちかけられたときにお引き受けしたのは、それは最初に話をすることで、レヴィナスに与えられるオマージュに参加するためだったのは確かなのですが（本当にそうしたかったのですよ）、また歓待の戸口でできるだけ早く自分を消してしまいたかったからでもありました。そうして退いた後、沈黙あるいはアリバイのなかに――そしてとりわけ傾聴のなかに――身を置きたいと思ったのです。本当にそうしたいのです。ですが、それは、〈ようこそ〉

あるいは歓待についての解釈を過度に長引かせながらなされることになるでしょう（前もって、どうかお許しください）。それを開幕[8]という資格《タイトル》でこれからおこないましょう。〈開幕＝開け《ウヴェルチュール》〉こそ、この導入にふさわしいと思われた不確定なタイトルなのですから。

逆転――レヴィナスは開始《ウヴェルチュール》というものを歓待や迎え入れから思考することを提案しています。その逆ではありません。彼ははっきりとそうしています。「開始＝開け《ウヴェルチュール》」と「歓待」というこの二つの言葉は、レヴィナスの仕事のなかで結合していると同時に分離しています。それらはある微妙な法に従っています。その法は、あらゆる法と同じく、慎重な解読を要請するでしょう。

このような歓待を、レヴィナスの名において、いかに解釈すればよいのでしょうか？　すなわち彼の代理人として、彼の名代として語るのではなしに、彼とともに語ることによって、また彼に語りかけることによって、そしてまず今日彼に耳を傾けることによって、いかに歓待の解釈に取り組めばよいのでしょうか？　レヴィナスは、シナイと顔、「シナイ」と「顔」[9]を、この二つの名で呼び戻すために、ある場＝類型表現《トポス》のなかでそれらを名指しなおしましたが、私たちはそのトポスに赴きながら、いかに歓待の解釈に取り組めばよいのでしょうか？　この二つの名が結びつけられてこの会合に与えられたわけですが、いかにそれらを理解すればよいのか、私たちは知っているのでしょうか？　どのような言語でそれらを理解すべきでしょうか？　それは普通名詞でしょうか、それとも固有名詞でしょうか？　ある他の言語から翻訳された名でしょうか？　すなわち、聖なるエクリチュール〔聖書〕あるいは来たるべき固有言語《イディオム》の過去から翻訳された名でしょうか？

　こうした予備考察の地平のなかで、ある問いが私の導きとなるでしょう。ですが私はその問いを最終的に宙ぶらりんにし、いくつかの前提と参照項を位置づけるだけで満足せざるをえません。その問いが歓待の倫理（歓待としての倫理）と歓待の法ないし歓待の政治との関係にかかわるということは一目瞭然です。たとえばカントが、「永遠平和のための」世界市民法〔世界市民権〕における普遍的歓待の条件と呼ぶものの伝統に見られるような関係です。

　この問いの古典的な形式は、正当性をもたらす基礎づけ、土台創設というかたちで見られます。たとえば、ひとはこう問うでしょう。私たちがレヴィナスの思想のうちに分析しようと試みる歓待の倫理は、家庭的な住処を越えて、社会や国民や国家あるいは国民国家の空間のなかに、なんらかの法や政治を創設できるのか否か、と。

この問いが重大かつ困難で必要なものであることは確かです。ですが、それはすでに規範的でもあります。私たちはこの問いを、宙吊りの緊張をもたらす他なる問いの審級に、すなわちある種のエポケーとでも呼べるかもしれないようなものに従わせてみましょう。それはどのようなエポケーでしょうか?

歓待の倫理あるいは歓待の第一哲学と、歓待の法あるいは歓待の政治とのあいだには、基礎づけの秩序、すなわち基礎づけるもの/基礎づけられるもの、原理的根源性/派生物といったヒエラルキーが保証するような通路は存在しないと想定してみましょう(全面的に賛成するわけではないですが)。すなわち、レヴィナスの歓待の言説から、なんらかの法や政治を演繹することはできない、と想定してみましょう。つまり私たちに身近な出来事についてであれ遠くの出来事についてであれ(サン=ベルナール教会[10]を、イスラエル、旧ユーゴスラビア[11]、ザイール[12]、ルワンダ[13]から隔てることができると想像すればの話ですが)、今日の特定の状況における、あれこれの法や政治を演繹することはできない、と想定してみましょう。そのように想定した場合、基礎づけ、演繹、導出ができないというこの不可能性を、どのように解釈すべきでしょうか? それは意気阻喪のしるしでしょうか？　おそらくはその反対だと言うべきでしょう。この欠陥の見た目の否定性、すなわち倫理（第一哲学あるいは形而上学——もちろんレヴィナスがこれらの言葉に与えた意味での第一哲学や形而上学）と法・政治とのあいだのこの裂け目〔hiatus〕は、本当は私たちを他の試練へ呼び招いているのです。そこにいかなる欠如もないのだとすれば、実はこの裂け目は、法や政治を他の仕方で考えよ、と私たちに命じているのではないでしょうか？　とりわけ、それは文字どおり、口を開くこと〔hiatus〕として、他なる言葉《パロール》の口と可能性とを、なんらかの決断と責任（お望みなら司法責任や政治責任と言ってもいいでしょう）の口と可能性とを開くのではないでしょうか？　まさに存在論という基礎の保証なしに決断と責任が取られなければならないようなときにです（決断と責任を「取る」と〔フランス語では〕表現します）。この仮説に立てば、法や政治（狭く限定的な意味での法や政治）が不在だというのは錯覚にすぎません。そうした見かけや安易な便宜の彼方では、倫理と法と政治とのあいだの回帰運動が、責任や決断の条件として課されることでしょう。そしてこれこそが——私は最終的にこれを示唆しようとするでしょう——たしかに隣接しながらも異なる二つの道に従って賭けられ《アンガジェ》ているものなのでしょう。

I

誰かすでに気づかれた人はいるでしょうか？　歓待という言葉が頻繁に現れるわけでも強調されているわけでもありませんが、『全体性と無限』は、歓待についての巨大な論考を私たちに遺贈している、ということに。

このことは、「歓待」という名が登場する頻度によってではなく（実際この言葉が現れるのは稀です）、「歓待」の語彙系を必然的に導出する脈絡や言説の論理によって証明されます。たとえば結論部では、歓待はみずからを顔へ開くもの——正確に言えば、顔を「迎え入れる」もの——の名そのものとなっています。顔はつねに迎え入れにみずからを与え、また迎え入れはひたすら顔を迎え入れます。この顔こそ、今日私たちの主題《テーマ》となるべきものですが、しかしレヴィナスを読んでみれば、顔があらゆる主題化[1]〔定立〕を逃れるものだとわかります。

ところで、このように主題に還元することが不可能であること、すなわち定立する形式化や記述を超過することこそが、顔と歓待の共通点にほかなりません。レヴィナスは歓待を定立から区別するだけでなく、すぐに私たちが理解するように、はっきりと定立に対立させてさえいます。

レヴィナスが志向的主観性を徹底的に定義しなおして、志向的主観性の主体化を有限のうちなる無限の観念に従属させるとき、名詞を定義するのに名詞をもってするしかない命題が、彼一流のやり方で積み重ねられていきます。そのとき命題のなかで主語名詞と述語名詞の位置は互いに交換可能となり、そのことによって規定作用の文法や伝統的な論理の書式《エクリチュール》は(その弁証法的子会社〔弁証法の系列〕にいたるまで)かき乱されます。たとえば、

それ[志向性すなわち何ものかについての意識]は言葉《パロール》への傾注あるいは顔の迎え入れであり、歓待であって、定立ではない。(1)

この文のなかの歓待という言葉を私はつい強調してしまいましたが、このような教育

上やレトリック上の配慮は見なおさなければなりません。というのも「定立」に対立するすべての概念は、みな同義であると同時に同価値だからです。それらの概念のどれであれ、特権化されては、つまり強調されてはならないでしょう。したがって、さきほどの命題の解釈を推し進める前に、その命題に見られる等置《アポジシオン》が何によってひそかに正当化されているのかに注意しましょう。この並置《アポジシオン》は飛躍を繰り返すだけに見えます。それはひたすら襞を広げて説明するだけであり、すなわち内なる襞を外へ広げて明確化をもたらします。並置は一つの同義語から他の同義語へと進展し、さらには飛躍するように見えます。代置を示す ou(vel) はそれとしては一度しか現れませんが、それを個々の名詞のあいだに書き込んでもかまわないでしょう(もちろん「定立」は除きます)。すなわち、「それ〔志向性すなわち何ものかについての意識〕は言葉への傾注あるいは顔の迎え入れであり、歓待であって、定立ではない」というふうに。

ここでは「歓待」という語は、それに先立つ二つの語、すなわち「傾注」と「迎え入れ」とを翻訳し、それらを前面に生み出し、再‐生産しにやって来ます。一種の迂言法《ペリフラーズ》でもある内在的なパラフレーズによって、一連の換喩によって、歓待、顔、迎え入れが語られています。すなわち、他者への傾斜〔tension: 緊張、引っ張られていること[2]〕、他者への傾注的志向、志向的傾注、ウィが語られます。志向性、言葉への傾注、顔の迎え入れ、歓待などは同じものを指していますが、しかしこの場合の同じものとは、他者が定立を抜け去るにもかかわらず他者を迎え入れる、そうした迎え入れであるかぎりで同じものということです。ところで、こうした運動なき運動は、他者の迎え入れのなかで自己を消します。そして他者の迎え入れ（自己が他者を迎え入れること）（主格の属格）は、他者の無限へ、すなわち迎え入れに先立つ他者としての無限へみずからを開くのですから、それはすでに一つの応答でしょう。すなわち他者へのウィは、すでに他者の迎え入れ（自己を他者が迎え入れること）（対格の属格）、つまり他者からのウィへの応答となるでしょう。この応答は、無限――つねに他者の無限のこと――が迎え入れられるやいなや要請されます。私たちはレヴィナスにおけるこうした応答の痕跡を辿ってゆきましょう。ですが、この「いなや」はなんらかの始まり、なんらかのアルケーの瞬間や戸口を示すものではありません。というのも、無限は起源以前に迎え入れられたことになるからです。すなわちアナーキーのうちに迎え入れられたことになるからです。こうした有責的な応答はたしかに一つのウィなのですが、しかしそれは他者からのウィに先立たれた、他者へのウィなのです。レヴィナスはあるくだりで、デカルトのコギトにおける無限の観念を反復し解釈していますが、そこに見られる主張の帰結を、おそらく限りなく拡張しなければならないでしょう。すなわち、「ウィと言うことができるのは私ではない――それは《他者》なのだ[2]」。

〈必要な大胆さと厳密さとをもって右の文の帰結を辿っていけば、有責的な決断に関する他の思考へ導かれるはずです。なるほどレヴィナスはそうは言わないでしょうが、決断と責任はつねに他者に属する（だからといって私が肩の荷をおろすことができるわけではありませんが）と主張できるのではないでしょうか？　決断と責任はつねに他者へ帰着し、他者から回帰してくる、と主張できるのではないでしょうか？――たとえその他者が自我のうちなる他者だとしてもです[3]。なぜ自我のうちなる他者と言うのでしょうか？　それは、倫理と哲学の最も強力な伝統においては、決断はつねに「私の」決断であれと、「我こそ」、ipse, egomet ipse と自由に口にできる者の決断であれと、そのように要求されるわけですが、そうした必然性に順応し、純然と「私のもの」にとどまるような自主性などが、はたして決断でありえるのだろうかと疑うからです。こんなふうに私に帰着するものが、なおも決断でありえるでしょうか？　たとえそれが迎え入れや歓待についてだとしても、純粋に自律的な運動は、この名、「決断」という名を与えられる権利をもつでしょうか？　私から、私自身からしか生じず、私のものである主観性の可能事を繰り広げることしかしないような、そんな自律的な運動が、はたして「決断」の名を与えられる権利をもつでしょうか？　自由だと言われるどんな決断においても生じるはずの、あの引き裂くような断絶もない自我論的な内在性の展開、すなわち一つの主体〔主語〕に固有な述語ないし可能事が自律的かつ機械的に繰り広げられる事態、そんなものを「決断」とみなすことなど許されないのではないでしょうか？

《他者》だけが、ウィを、「最初の」ウィを言うことができるのだとすれば、迎え入れとはつねに他者の迎え入れです。いまや、この属格の文法と系譜を思考する必要があります。とはいえ、私は「最初の」ウィの「最初の」を引用符でくくりました。それはほとんど思考不可能なある仮説に従うためです。その仮説とは、最初のウィは存在せず、ウィはすでに応答だという仮説です。しかし、すべてはなんらかのウィから始まるはずですから、開始し、発令するのはこの応答なのです。有限で死すべき存在である私たちが最初からそこに投げ入れられているこのアポリア、それなくしてはいかなる道の約束もありえないこのアポリアと、なんとか折り合わなくてはなりません。応答することから始める必要があります。ということは、始めに最初の言葉など存在しない、ということとです。呼びかけは応答から出発して初めて呼びかけとなります。応答は呼びかけに先んじ、呼びかけを迎えに来ます。呼びかけが応答以前に最初にある場合でも、それは、呼びかけを生じさせる応答を予期しているからにすぎません。この厳しい法は、当然、悲壮感あふれる抗議を引き起こすでしょう（こう言う人もいるでしょう。「何ですって？応答なき呼びかけはどうなるのですか？　孤独の苦悶の叫びはどうなるのですか？　祈りの孤独、そして祈りが証示する無限な乖離こそが、呼びかけの、すなわち無限に有限なる呼びかけの、本当の条件ではないのですか？」）。にもかかわらず、この必然性は、死すなわち具体的な有限性と同じくらい、やはり揺るぎないものです。すなわち呼びかけは、みずからの孤独の〈底なしの底〉にもとづくからこそ、応答の約束から出発してしか自分自身の声を聞き自分を理解し、自分が呼びかけるのを聞くことができないのです。私たちが語っているのは、呼びかけとしての呼びかけについてです。――そんなものがあるとすればの話ではありますが。なぜ「そんなものがあるとすれば」などと言うかといえば、呼びかけとして認知されることさえない呼びかけに訴えようとすれば、一切の応答なしで済ますことも――少なくとも思考のうえでは――できるからです。それはつねに可能であるし、必ず起こることです。

こうしたことをレヴィナスは言いませんし、またこんなふうには言いません。ですが私は今日、こうした道ならぬ道を辿って、レヴィナスとの遭遇に赴きたいのです。）『全体性と無限』のなかで「歓待」はかなり稀な言葉ですが、それに対して「迎え入れ」の語は異論の余地なく最も頻繁に登場し、最も規定的な言葉の一つです。たとえこの言葉が、私の知るかぎり、これまでそれとして取り上げられたことがなかったとしても、このことは立証できるでしょう。主題的というよりも操作的なこの概念は、他人へ向かう第一の振る舞いを言い表すために、まさしくあらゆる場で作動しています。

迎え入れを振る舞いとまで言ってよいでしょうか？　それはむしろ初発の動き〔初動〕であり、しかも一見受動的ですが、しかし良き動きです。迎え入れは、顔と同じく派生的なものではありませんし、迎え入れなくして顔はありません。あたかも迎え入れは、顔と同様に、また顔と外延を同じくする深く同義的な語彙系と同様に、第一の言語であって、準‐始原的な——準‐超越論的な——もろもろの語からなる集合のようです。顔を思考するためには、そして顔とともに開かれ地盤換えされるすべてのもの、すなわち倫理や形而上学や第一哲学（レヴィナスがこれらの語に返そうとする意味での）を思考するためには、なによりもまず迎え入れの可能性を思考する必要があるのです。

迎え入れによって、「受け取り」は、すなわち受け取りの受容性は、倫理関係として規定されます。そのことを私たちはすでに聞いていました。

なんらかの思考が《他人》からもぎ取るだろう観念を、《他人》は自己表出においては み出すが、言説において《他人》に近づくとは、そうした《他人》の表出を迎え入れることである。つまりそれは、《自我》の収容能力を越えて《他人》から受け取ることである……。

ここで受け取ることという語が迎え入れることの同義語として提示され強調されていますが、この受け取りが可能なのは、それが自我の収容能力を越えて受け取るかぎりにおいてです(この「かぎり」は度外れな尺度です)。この非対称的な不均衡が、もっと後で私たちがこの問題に立ち返るときに、歓待の法の印となります。ところで異様な命題であるこの一節のなかで、理性がこうした歓待の受容性として解釈されています。すなわち、受容性や受動性の概念、したがって合理性との対比で言えば、感受性と考えられた概念、そうした概念を経由する哲学の伝統の計り知れない鉱脈が、いまやその最も深い意味へと方向転換されているのです。

重要なのは受け取り《レセプシオン》の受け取り方《アクセプシオン》〔語義〕です。

歓待的な迎え入れから出発しなければ、すなわち他者へ開かれ、他者に差し出された迎え入れから出発しなければ、受け取ることが何を言わんとするのかを感知したり察知することはできません。理性自体が一つの受け取ることです。別の言い方をすれば、そして依然として伝統の法のもとにありながらもその法に抗して言えば、すなわち遺贈されてきたもろもろの対立に抗して言えば、理性は感受性であるということです。理性そのものが、無限観念の迎え入れとしての迎え入れなのです――そして迎え入れは理性的なのです。

この場において、レヴィナスが門〔porte〕の名を出すことは意味のないことでしょうか？　門として彼が指し示す場〔lieu〕[3]は、歓待のレトリックにおけるたんなる比喩でしょうか？　門の形象が、我が家を開く戸口での「言葉の綾《ファソン》」だったとしても、それは語りの仕方《ファソン》＝為し方すなわち行為する仕方としての言葉でもあるでしょう。それは、レヴィナスが他の場所でたびたび思い出させるように、なによりもまず食べ物や飲み物や休息所を与えるために差し出された手として行為する仕方なのです。開かれた門とは言葉の綾〔語り方〕ではありますが、それは無限観念の外在性あるいは超越が開けることを要求します。無限という観念は、ある門を通って私たちに到来するのです。そして、その通り過ぎられる門とは、教えにおける理性以外のなにものでもありません。

「《無限》の観念としての超越」の同じ一節では、受け取ることと迎え入れることとの独特さは、「しかし」「しかしながら」「とはいえ……なしに」等々の細心の用心によって際立つものになっています。あの開かれた門はたんなる受動性などではまったくありませんし、理性の退位とは正反対です。

なんらかの思考が《他人》からもぎ取るだろう観念を、《他人》は自己表出においてはみ出すが、言説において《他人》に近づくとは、そうした《他人》の表出を迎え入れること〔強調デリダ〕である。つまりそれは《自我》の収容能力を越えて《他人》から受け取ることである。そのことの正確な意味は、無限の観念をもつということである。しかしそれはまた、教えられてあることをも意味する。《他人》との関係〔rapport〕[4]すなわち《言説》は、非アレルギー的な関係、倫理的な関係であるが、しかしこの迎え入れられた〔強調はまたもデリダ〕言説は教えである。しかし〔強調デリダで、三つ目の「しかし」です。これは、しかしのなかのしかし、magis〔ラテン語で「より以上」「さらに」の意で、フランス語の「しかし(mais)」はここから派生〕、しかしさらに、その上＝より良く、ということです」、その教えは産婆術には帰着しない。それは外から到来するのであって、私が含む以上のものを私にもたらす〔apporte〕。〔教えは回帰しません――つまりそれは到来するのであり、何かに帰着するのではありません――それはそもそも他所から、外から、他者から到来するのです。〕教えの非暴力的な他動性(5)のなかで顔の公現自体が産出される。知性についてのアリストテレスの分析は、門を通って到来する〔強調デリダ〕能動知性を発見する。すなわち絶対的に外的だが、しかしながら理性の主権的な活動をいささかも危うくすることなく理性活動を構成する能動知性を発見する。そのときすでにアリストテレスの分析は、産婆術を、師〔「師(maître)」の語源も「より以上(magis)」〕の他動作用へ置き換えているのである。理性は退位することなく、受け取ることができるという自同的可能性にいたっているからである。〔デリダによる強調以外は、すべてレヴィナスの原文による強調〕

受け取ることができるという自同的可能性にいたった理性。理性によるこの歓待は、何を与えることができるのでしょうか？　受け取る権能（「受け取ることができるという自同的可能性」）としてのこの理性、歓待の法のもとにあるこの理性、歓待の法としてのこの理性は？　レヴィナスは同じ段落で「受け取る」という言葉を二度強調しています。ご存知のように、こうした着想のなかで、受容性についての大胆な分析の数々が開始されます。そこでの受容性とは、受動性以前の受動性のことです。そこで賭けられているものは、個々の意味作用をその他者へと開く言説（関係なき関係、受動性なき受動性、「どんな受動性よりもさらに受動的な受動性④」等々）のなかで、言葉が我を忘れ⑥、自己同一性を喪失するように思われる場合に、ますます決定的となるでしょう。

「迎え入れる」という語が同じ頁に帰ってきます。それは「顔の観念」とともに、自我の開けを、そして「存在者が存在よりも哲学的に先行していること⑤」を指し示しています。その結果、迎え入れのこの思考は、ハイデガーに対する控え目ですが明白かつ断固とした異議申し立てとなり、さらには収容や結集（Versammlung）、すなわち収容においてて遂行される取り集め（colligere）という〔ハイデガーの〕中心的なモチーフに対する異議申し立てとなります。なるほどレヴィナスには、とりわけ『全体性と無限』のなかの

「住処〔La demeure〕」という題をもつパートには、収容のための思考が存在します。ですが、この我が家における収容は、すでに迎え入れを前提としているのです。収容は迎え入れの可能性であって、その逆ではありません。収容はある意味で迎え入れを可能にするのであり、それこそが収容の唯一の使命です。とすれば、来たるべき迎え入れこそが、我が家の収容を可能にするのだと言ってもよいでしょう。もちろん、その場合、条件づけのさまざまな関係は解きほぐしがたいように思われます。条件づけの関係はたんなる論理ばかりでなく、時系列《クロノロジー》の論理も受けつけません。なるほど、迎え入れは収容を、言い換えれば我が家の親密さと女性の形象つまり女性的な他性をも前提します。しかしそうだとしても、迎え入れは、取り集めの、col-ligere の二次的な修正などではありません。まさしく宗教〔religion〕[7]の起源と結びつきがないわけではない col-ligere、レヴィナスが「究極構造」としての宗教という語をそれのために取っておくと言う、あの「関係なき関係」と結びつきがないわけではない col-ligere、そうした col-ligere の二次的な修正などではありません。

いかなる概念の共通性にも、いかなる全体性へもいたることのない、此岸存在と超越存在との関係――関係なき関係――のために、私たちは宗教という用語を取っておく。⑥

したがって、迎え入れの可能性が到来するのは、収容より前、さらに集めることより前、すなわちすべてがそこから派生するように思われる行為《アクト》〔発現的な局面〕より前であって、その後、収容や取り集めが開かれる、ということになるでしょう。他のところでは、「無限という観念を所有することは、すでに《他人》を迎え入れたことである」⑦とか、「《他人》を迎え入れること、それは私の自由を問いに付すことである」⑧とか言われています。

『全体性と無限』には迎え入れの語がおびただしく登場しますが、さしあたり「真理と正義」の章の冒頭で、まさしく《言説》が《正義》として定義される場面を取り上げましょう。《言説》は、「顔に対してなされる迎え入れの廉直さにおいて」⑨、《正義》として提示されています。

すでにこの《正義》という言葉のもとに、私たちが後で着手しようと試みる恐るべき難問、とりわけ第三者とともに浮上してくる難問が告知されています。第三者の出現は待ったなしです。第三者は待ったなしで到来し、対面での顔の経験に影響を及ぼします。なるほど、第三者の介在は迎え入れ自体を中断するものではありませんが、対面での対峙《デュエル》や他者の唯一性の特異な迎え入れは、それらを証言する証人(terstis)としての第三者の介在、「第三者性」へと転回させられ、ずらされます。ところで、レヴィナスにとって第三者の彼性は、法であると同時に法を越えた正義、法を越えた法における正義の始まり以外の何ものでもありません。『存在するとは別の仕方で、あるいは本質の彼方』は、この「三人称における彼性」について語っています。「しかし三人称といっても、それは第三の人間の「第三者性」とは異なる。つまり他の人間を迎え入れる対面を中断する第三者、近接性ないし隣人の接近を中断する第三者、そうした第三者の「第三者性」とは異なる。裁きは第三の人間から始まるが、そうした第三の人間の「第三者性」とは異なる「第三者性」に、彼性は則っているのである[10]」。

その前の箇所では、ある注のなかで、正義は「第三者のこの現前そのもの[11]」だと言われていました。レヴィナスの文章にはヨブの声——正義に訴えるのではなく、正義に抗して訴えたくもなるだろうヨブの、そのアポリア的な悲嘆、嘆き、証示、抗議、わめき声あるいは苦情の声が、いつも聞こえるように思われたのですが、そうしたいくつかの文章のなかで、正しき者〔義人〕の絶望的な問いが私たちに到来します。それは正義よりも正しくあろうと望む正しき者です。実際、別《オートル》のヨブ（それがヨブの他者《オートル》でなければですが）は、正義でもって何をすればよいのか、正しいと同時に正しくない正義でもって何をすればよいのか、と自問します。こうした問いは矛盾〔contradiction〕の叫びです。すなわち同等のものも前例もない矛盾、《言うこと〔le Dire〕》が《言うこと》に恐ろしく矛盾するということ、つまり《反－言〔Contra-Diction〕》そのものを叫ぶのです。

第三者は隣人とは違う他者であるが、そればかりでなく、また他の種類の隣人、《他者》の隣人でもある。この隣人はたんなる《他者》の同類ではない。とすれば、他者と第三者、そのお互いは、どのようになっているのだろうか？　お互いに何を為したのだろうか？　どちらが先なのだろうか？　〔……〕他者と第三者はどちらも私の隣人であり、また互いに同時的であるが、彼らから私を遠ざける。「平和を、近き者にも遠き者にも平和を」（『イザヤ書』五七・一九）。この一見レトリックと思える一節の鋭さを、私たちはいま理解する。第三者は《言うこと》のなかに反言的な矛盾を導入するのだ〔……〕。それはおのずから〔自己の〕責任の限界《リミット》＝境界であり、すなわち、私は正義でもって何をすればよいのか、という問いの誕生である。それは良心〔意識〕の問いである。正義が、換言すれば、比較が、同時性が、結集が、必要なのだ［……］[12]。

このとき、レヴィナスは勇気をもって、この「必要」の帰結を分析します。私たちは「必要」によって、倫理が超過しなければならないはずの場へ、強制されたかのように連れ戻されます。その場とは、顔の可視性、定立、比較、共時性、体系、そして「正義の法廷への」共‐現前です。実を言えば、私たちは「必要」によってそうした場へ二次的に連れ‐戻されるのではありません。そうではなく私たちはすでに前‐前日からそこへ呼び戻されているのです。というのも、第三者は待ったなしであり、対面における顔の「最初の」公現のときからすでにそこに存在する〔est là〕[10]のですから。

問い、それはつまり第三者です。

「問いの誕生」、それは第三者です。そう、誕生なのです。第三者は待ったなしに、顔と対面の起源に到来するのですから。そうです、問いとしての問いの誕生です。というのも対面はすぐさま宙吊りにされ、対面として、すなわち二つの特異性の対峙として、中断されることなく中断されるのですから。第三者の不可避性は問いの法です。他者へ宛てられたと同時に、他者から、他者の他者から宛てられた問いを問うこと。なるほど第一のものではありませんが(他者へのウィと他者からのウィの事後に到来するのですから)、何ものにも先立たれない問いを問うこと。何ものにも先立たれず、とりわけ誰にも先立たれないある問いを問うこと。

それは問いですが、しかし結果として、正義でもあり、そして哲学的な可知性、そして知でもあります。さらには、少しずつ、次第に[11]、国家の姿も予告されていきます。というのも、いまから理解していくように、そうしたものすべてが必要だからです。

こうした言明と同じ論理、同じ文言、しばしば文字どおりの反復によって、レヴィナスは『平和と近さ』のなかで、問いそのものの起源と正義と「社会の政治構造」とを、第三者の不可避性から演繹するにいたります(問いそのものの起源が第三者の不可避性から演繹されるということは、つまり、第三者の不可避性にもとづいてみずからの身分を規制しみずからの署名を合法化する哲学言説の起源もまた、第三者の不可避性から演繹されるということです。すなわち、レヴィナスの言説のほぼ全体、たとえば私たちが彼の言説を理解しうる空間の全体は、この第三者に依拠するのです[13])。「問いなし」から

「第一の問い」の誕生への突然の跳躍、破断的な突然変異は、同時に、倫理的な責任から司法的、政治的、そして哲学的な責任への移行の定義となります。レヴィナスは直接性の外へ出ることについても語っています。

他の人間への責任がその直接性においてあらゆる問いに先行することは確かである。しかし私の主体の主体化《シュジェシオン》が隣人への従属化《シュジェシオン》でもあるような二者の外在性を第三者がかき乱すとしたら、他の人間への責任はどのように義務を課すのだろうか？　第三者は隣人とは違う他者であるが、そればかりでなく、また他の種類の隣人、他者の隣人でもある。この隣人はたんなる他者の同類ではない。私は何を為せばよいのか？　他者と第三者はお互いにすでに何を為したのだろうか？　私の責任において、どちらが優先されるのだろうか？　つまり彼ら、他者と第三者は、互いの関係において何であるのだろうか？　問いの誕生。

間‐人間的なものにおける第一の問いは、正義の問いである。いまや知ることが必要であり、共‐知〔con-science: 意識＝良心〕をもつ必要がある。唯一者や比較不可能なものとの私の関係に比較がつけ加わり、そして公正あるいは平等を目指して、計量〔pesée〕が、思考〔pensée〕[12]が、計算が、すなわち比較不可能なもの同士の比較が、積み重なる。したがって、存在の中立性――現前であれ再現前であれ――が、顔の定立と可視性が、積み重なる……[14]。

このようにして演繹は続けられ、「法に従う社会の政治構造」「市民の尊厳」へといたります。とはいえ、倫理主体と市民主体との峻厳な区別は残らなければなりません[15]。しかし、このように純粋に倫理的な責任の外へ出ること、倫理的な直接性《イメディアトウテ》を中断することは、それ自体が直接的です。第三者は待ったなしであり、その彼性は対面での顔の公現からすでに呼びかけています。というのも第三者がいなければ、唯一者との対面の絶対的な直接性に存する倫理の純粋さが暴力で脅かされてしまうからです。なるほど、レヴィナスはこうしたかたちでは語りません。しかし二つの「唯一者」の対面における対峙を越えて、あるいは対峙を通してレヴィナスが正義に訴えるとき、そして正義が「必要」だと、第三者が「必要」だということをレヴィナスが肯定し、またその肯定を繰り返すとき、彼は何をしているのでしょうか？　顔の対面における純粋かつ直接的《イメディア》な倫理がはらむ暴力というこの仮説を、彼は考慮しているのではないでしょうか？　隣人および絶対的な唯一性の経験のなかで潜在的に荒れ狂う暴力という仮説、これを考慮しているのではないでしょうか？　この経験のなかでは、善と悪、愛と憎悪、贈与と取得、生の欲望と死の欲動、歓待的な迎え入れとエゴイスト的・ナルシス的な閉じこもり、これらを区別することは不可能だという仮説を考慮しているのではないでしょうか？

　そうすると、第三者は、倫理にまつわる暴力そのものの眩惑から私たちを守ってくれる、ということになるでしょう。倫理はこの暴力に二重に曝されるおそれがあるでしょう。すなわち、暴力を被るばかりでなく、暴力をふるう危険にも曝されるおそれがあるでしょう。――暴力をふるうかふるわれるかという二者択一的な仕方で、あるいは同時にどちらでもある仕方で。第三者はこの二重のおそれから守ってくれるものであり、仲介者《メディアトゥール》です。けれども、第三者はそれはそれで、その司法的‐政治的な成り行きにおいて、唯一者へ捧げられた倫理の欲望の純粋さを、少なくとも潜在的に侵犯することも確かです。ここから二重拘束の恐るべき宿命が生じます。

　このダブル・バインドをレヴィナスがそれとして語ることはありません。ですが私は、レヴィナスの数々の公理、レヴィナスその人が確立し呼び起こした数々の公理の帰結のなかに、このダブル・バインドの必然性をあえて私自身の手で書き込む危険を冒しましょう。唯一者との対面によって、他者への私の応答責任という無限の倫理が、ある種のまだかたちになっていない誓い〔*serment avant la lettre*〕[13]のなかで、すなわち無条件な誓いや忠実さのなかで、開始されるのですが、そのとき、第三者が不可避的に出現し、またそれとともに正義が不可避的に出現し、最初の誓約違反が刻印されます。この誓約違反は、沈黙した、受動的な、苦しいものですが、しかし避けがたいものです。それは偶然でも二次的でもなく、顔の経験と等しく根源的です。正義はこの誓約違反とともに始まることになるでしょう。（いずれにしても、法としての正義とはそういうものです。けれども、たとえ正義が法に対して超越的なものあるいは異質なものにとどまるとしても、だからといってこの二つの概念〔正義と法〕を離反させてはなりません。すなわち、正義は法を要求し、そして法は、顔における第三者の彼性と同じく、待ったなしなのです。レヴィナスが「正義」と言うとき、それを「法」と理解することも許されるように私には思われます。法《ドロワ》はこの誓約違反とともに始まるでしょうし、倫理的な廉直《ドロワチュール》さを裏切るでしょう。）

　私の知るかぎり、誓約違反がレヴィナスの主題の名として現れないことは確かですし、誓いも同様です。私たちが今かかわっている著作群のなかで、これらの語に出くわしたり注意をひかれたりした覚えはありません。であれば、「まだかたちになっていない誓い」ということをもっと明確にしなくてはなりません。それは一切の契約ないし一切の借り以前の負債を意味します。そのほうがレヴィナスのテクストの字面に近いでしょう。レヴィナスも臆することなく、まさしく「証言すること」「自己証示」「対面の廉直さ」の経験における「始原的な名誉の誓い」と言っています[16]。

容認しがたいスキャンダル。レヴィナスは口が裂けても言いませんが、正義は、呼吸するがごとく自然に誓約違反をおこない、「始原的な名誉の誓い」を裏切ります。正義は、誓いに反し、誓いを放棄し、誓いを侮辱することによってのみ誓うのです。「私は正義でもってどうすればよいのか」という正しき者〔義人〕の嘆息をレヴィナスが想像するのは、おそらくこうした宿命を前にしてです。

そうすると、正義が展開するなかで、誓いへの誠実さと偽証の誓約違反とを識別することはできませんし、識別があるとしても、それはまず裏切りと裏切りとのあいだにおいてなのです。つねに一つならぬ裏切りがあるのです。その場合、分析に必要なあらゆる慎重さをもってして、あの誓われた信、すべての誓い以前にあるあの「始原的な名誉の誓い」に対する違反の性質、様相、状況を尊重しなければならないでしょう。けれども、こうしたもろもろの差異でさえ、幕開けにおける誓約違反の痕跡を抹消することは絶対にできないでしょう。第三者が待ったなしであるのと同じく、ここでは倫理と正義とを開く審級《アンスタンス》も、準‐超越論的あるいは根源的な、さらには根源以前的な誓約違反の切迫《アンスタンス》のうちにあるのです。この誓約違反は、倫理を超過し裏切るあらゆるものに倫理を溶接するのですから、存在論的と言えるかもしれません(存在論、すなわち、まさしく共時性、全体性、国家、政治的なもの、等々のことです)。仮にそもそも悪意が不在であることなどありえないのだとしたら、そして悪意の可能性が、少なくともその可能性の憑依(17)が、つまりなんらかの倒錯可能性が、同時に《善》《正義》《愛》《信》等々の条件、そして改善可能性の条件であるのではないとしたら、この誓約違反のなかに、抑えきれない悪や根底的な倒錯さえ見ることもできるかもしれません。

しかしながら、こうした亡霊的な「可能性」は、境界線上《リミネール》の倒錯可能性を抽象したものではありません。それはむしろ境界を管理・決定・限定することの不可能性であり、なんらかの判別基準・規範・規則によって倒錯を倒錯可能性から切り離す敷居を位置づけ、そこに自己を保つことの不可能性なのです。

この不可能性、それが必要です。この敷居が全体知や統御された技術の意のままにならないことが必要です。倒錯に陥る危険をつねにはらむもの（《善》《正義》《愛》《信》、そして改善可能性、等々）そのものへと開かれるためには、敷居はあらゆる規制された手続きを超過する必要があります。良き歓待のチャンスのためには、すなわち他者を来たるままにするチャンスのためには、つまり他者へのウィに劣らず、他者からのウィをも来たるままにするチャンスのためには、それ、つまり最悪のものへの歓待までもが必要なのです。

このように事態は無限に錯綜し複雑です。けれども、この複雑さの本当の源である一般的な構造、すなわち、言説、正義、倫理的な廉直さはなによりもまず迎え入れに起因するという一般的な構造は、いささかも揺るぎません。迎え入れはつねに顔のための迎え入れです。迎え入れのこの思考を厳密に研究しようとすれば、迎え入れという語が何度も現れ、規則的に重要となるコンテクストのすべてを取りあげなくてはなりませんが、それだけではありません[18]（もちろん、それだけでもたいへんな仕事ですが）。でも、それだけではなく、フランス語の特有表現《イディオム》がレヴィナスの迎え入れの思想にもたらしたさまざまなチャンスをも考慮しなくてはならないでしょう。特有表現というものは両義的なチャンスです。それは敷居のシボレート、歓待を準備するチャンス、レヴィナスが称えたチャンス、すなわちレヴィナスのエクリチュールにとってのチャンスであると同時に、レヴィナスの哲学的エクリチュールがフランス語に与えたチャンスでもあります。これらのチャンスは地下納骨堂《クリプト》のように謎めいた類型表現の数々を蓄積しており、それだけに迎え入れの語彙系を別の言語に翻訳する困難も増大します。たとえば、歓待（言語による歓待と言語に差し出される迎え入れ、主人の言語と客人としての言語）についてのレヴィナスの分析が、収容と迎え入れとのあいだのきわめて意味深長な戯れを、意味の集積体《コレクシオン》ないし回想《ルコレクシオン》〔再収集〕のなかに刻みつけなおす場合がそうです。

先ほど指摘したように、レヴィナスは収容をつねに迎え入れへと開きます。迎え入れ（他者の迎え入れ、もっぱら他者のための迎え入れ）によって収容を開くことが繰り返し訴えられます。「収容は迎え入れに送り返される」とレヴィナスは、疑り深い長い分析を呼び招く「住処」の一節で言います。レヴィナスがそこで描くのは、家ないし我が家の親密さです。なるほど、家ないし我が家は結集した内部性の場であり収容の場ですが、しかしそのときの収容は、歓待による迎え入れがそこで成立するような収容です。顔のなかで顕現を退隠に結合させる慎み深さという見えにくい現象を分析した後で、レヴィナスは《女性》の名をもち出します。

……その現前が慎み深くも不在であるような《他者》、格別に歓待的な迎え入れ（それは親密さの場となる）が成り立つ出発点であるような《他者》、それは《女性》である。女性は収容の条件、《家》と住まいの内部性の条件である。[19]

この収容には、どのような射程[14]があるのでしょうか？　なるほど原理的には、私たちが理解したように、収容はみずからを「迎え入れに送り返す」。収容は迎え入れへ運んでいくのであり、それこそが収容の運送作業であり、収容がもつ関係やつながり〔運び返し〕です。[15] しかし収容は、明らかに＝現れにおいて、すなわち《女性》あるいは《家》の形象において、迎え入れの一様態にすぎません。つまり「沈黙の言語」「言葉なき了解」「秘密のなかでの表出」の〈私ときみ〉における一様態、レヴィナスがここで「女性的な他性」と呼ぶものにおける一様態にすぎません。

「女性的な他性」はまずは一連の欠如を刻み込まれているように見えます。ある種の否定性が、「……なき」「……ではない」「まだない」といった語によって表示されています。けれども、ここで欠如しているものは、言語の傑出した可能性以外のなにものでもありません。言語一般が欠けているのではありません。欠けているのは、言語の超越であり、顔の高みから来る言葉と教えです。

たんに生きること、諸要件を自然と快適に受け入れることは、まだ住むことではない。しかし住むこともまだ言語の超越ではない。親密さのなかで迎え入れる《他人》とは、ある高い次元から啓示される顔のあなたではない――そうではなく、まさしく家庭的な親密さにおけるきみである。教えなき言語、沈黙の言語、言葉なき了解、秘密のなかでの表出。ブーバーがそこに人間関係のカテゴリーを見る〈私―きみ〉は、対話者との関係ではなく、女性的な他性との関係である。[20]

かくして、女性的な他性はたしかに顔の「高さ」を奪われ、教えにおける《至高》の絶対的な垂直性を奪われたように見えますが、しかし女性的な他性は語るのです――それも人間的な言語を。女性的な他性のなかに動物的なものは何もありません（描写で用いられた記号の数々はそうした示唆へ流れかねないように見えますが）。この言語は端的に「沈黙」しています。そして歓待が、つまり「安らぎの地」があるのは、まさしく住処が動物性を通り抜けるからです。というのも、住処〔demeure〕としての我が家は「安らぎの地としての我が家」であるとしても、そのことが意味するのは、その住民が追放されつつも難民としてそこに在留し続けている〔demeure〕ということ、所有者としてではなく客人的な主人《オート》として在留し続けるということだからです。「女性的な他性」のヒューマニズム、〈他なる女性〉のヒューマニズム、すなわち女性（としての）他者のヒューマニズム。「女性的であること」の沈黙のなかにある女性は人間[16]〔homme〕ではありませんが、女性は人間的であり続けます〔demeure〕。愛もしくはエロスが融合を意味しないのと同じように、近さ一般、家庭的な親密さも、分離に終止符を打つわけではありません。反対に、家庭的な親密さは「分離のエネルゲイア」を成立させるのです。

それ［家庭的な親密さ］から出発して、分離が在留と住むこととして構成される。したがって、実存するとは在留するということである。在留することは、自己の背後に放った石のごとく実存に投げ込まれた存在の、その匿名的な現実のたんなる事実性ではない。それは、収容、自己への到来、安らぎの地としての我が家への隠居である。それらは歓待、待機、人間的な迎え入れに対応している。黙せる言語が本質的な可能性としてそこに残るような人間的な迎え入れ。女性的な存在は、みずからの否定＝歩み〔pas〕によって、存在の秘められた厚みを反響させる。そうした女性的な存在の沈黙した往来は、ボードレールが好んでその奇妙な両義性を召喚した、動物的で猫のような現前性の混濁した神秘などではない[21]。

これは一見したところ、ブーバーによる〈私‐きみ〉の議論のコンテクストの一つです。（テュトワマン〔相手＝他者に親しくtu〔きみ〕で話しかけること〕に関するブーバーの言説がレヴィナスに留保の念を抱かせるにせよ、レヴィナスは「異例の廉直さ」をテュトワマンに認めることがあります[22]。）しかし、それがなんの変哲もないコンテクストであるなどと、どうして考えられるでしょうか？　家や住処やとりわけ女性の女性性に照らしてみた場合、迎え入れのこの様態が歓待のたんなる一様相〔位置づけ可能な一様相〕にすぎないなどと、どうして信じられるでしょうか？　レヴィナスが定式化した言明だけを見ても、こうした制限を私たちに禁じるには十分です。少なくとも、レヴィナスの言明は制限の論理を特異な仕方で複雑にします。レヴィナスの表明する定式は、執拗に、はっきりと、「《女性》」を「格別に歓待的な迎え入れ」と定義し、「女性的な存在〔女性的であること」」を「格別の迎え入れる者」「それ自身において迎え入れる者」と定義します[23]。こうした本質的な規定はある動向のなかで強調されますが、その動向の帰結を私たちが考量する作業に終わりはないでしょう。その動向には、少なくとも二つの方向性があります。

第一に考えなくてはならないのは、「格別の迎え入れる者」「それ自身において迎え入れる者」は、いま私たちが指摘した境界＝限界《リミット》のなかで、すなわち住むことと女性的な他性（「言語の超越」なき、教えにおける顔の「高さ」なき女性的な他性）の境界＝限界のなかで迎え入れるということです。この境界＝限界は、倫理的なものと政治的なものとのあいだを通るよりも先に、まず最初に、倫理以前的なもの（言語の超越以前に、顔の高さと彼性以前に、教え以前に存する「住むこと」や「女性的な他性」）と倫理的なもののとのあいだを通ってしまうおそれがあります。あたかも迎え入れが、さらには「格別の」「それ自身における」迎え入れが、倫理的なもの以前に存在しうるかのようなのです。そして「女性的な存在」が、それとしてのかぎりでは、倫理的なものにいまだに到達することができないかのようなのです。そうなると、「住処」の章の状況が、さらに広くはその章が属する部（「内部性とエコノミー」）の場が、深刻な建築術上の難問を引き起こすことになるでしょう（少なくとも建築術が「体系術」（カント）ではないとしての話、また『全体性と無限』が哲学の論述の最高形式である体系的全体性を訴訟にかけることから出発していないとしての話ではありますが）。はたまた建築術は、住むことの居住可能性へと哲学を連れ戻すのかもしれない、と付け加えてもいいでしょう。ここで私たちに降りかかる、迎え入れに関するさまざまな難問が提示されるのは、つねにすでに家政《エコノミー》の内部においてなのです。

まさにこの深淵から出発してこそ、この特異な書物のエクリチュールとその言語（もろもろの言語）や構成を解釈するように試みる必要があるのではないでしょうか？　また、この書物で展開される、性的差異にもとづく迎え入れの論述、格別な迎え入れの論述を解釈する際にも、やはりこの深淵を出発点とせざるをえないのではないでしょうか？　私たちはこれらの問いをまだ踏破してはいません。これらの問いは、「愛の両義性」を始めとして、愛撫の分析において女性性にかかわるあらゆるもの（「エロスの現象学」）を含む「顔の彼方」という部にも関係しているのですから、なおさらです。

ここでこれらの問いに踏み込むことはできません。ただ布石として次のことは注記しておきましょう。「エロスの現象学」は、とりあえず女性的なものの方へ（こう言ってよければ)向きを変えただけにとどまる、つまり男性的な視点によって方向づけられたままにとどまるということです。しかしながら、この男性的な視点は、「本質的に侵犯しうると同時に侵犯しえない」ものとしての「《女性的なもの》」という光なき場へ、盲目的＝盲点的に赴くような視点(視点＝視力なし)[17]です。[24] 暴力に無防備にさらされながらも暴力を禁じる存在の、この侵犯不可能な侵犯可能性、この傷つきやすさ[18]。これこそ、女性的なものにおいて顔そのものを具象していると思われるものです。エロスは「可能なものの彼方へ赴くことを本質とする」が、女性的なものは「顔の彼方へ赴く顔を提供する[25]」のです。

レヴィナスのこうした分析の賭金——そして危険——を過小評価してはならないでしょう。レヴィナスは一九四七年にすでに、『実存から実存者へ[26]』と『時間と他者[27]』でエロスの分析をおこなっていましたが、その分析による跳躍が一九六一年(『全体性と無限』)の分析をなおも支えているように思われます。そこでの女性的なものは、自我と同時に光の世界をも一跳びで超越することを可能にするものの名であり、つまりはプラトンからフッサールにいたるある種の現象学的な支配を超越することを可能にするものの名です。その意味で、まさしく女性的なもの(『全体性と無限』では「格別の迎え入れる者」となります）は、すでに一九四七年の段階で「格別の他者」として定義されているのです。

> 世界と光は孤独である［……］。光の特徴をなすどのような関係を援用してみても、自我の決定域を打ち破るはずの〈他人の他性〉を把握することは不可能である。エロスの筋書きのなかで看取されることを先取りして言えば、格別の他者とは女性的なもののことである［……］。プラトンの解釈は女性的なものの役割を全面的に見誤っているが、そうした解釈から切り離されたエロスこそ、光の孤独から解き放たれた、したがって厳密な意味での現象学から解き放たれた哲学の主題であり、そうした哲学が他のところで私たちの関心の的となるだろう。[28]

同じ時期の『時間と他者』[29]のなかでも、レヴィナスは性的差異の分析をおこない（性的差異は、他の差異と同格の差異、「差異」という類に属する一つの種などではない、すなわち矛盾でも相補性でもない、とレヴィナスは執拗に繰り返しています）、同様の命題へいたっています。女性的なものとは、「光から身を引き剝がすことを本領とする存在様態」であり、「光の前からの逃走」であり、恥じらいによって「身を隠す」ことで「実存する仕方」です。

　こうした一九四七年の考察は実際に『全体性と無限』(一九六一年)の予告となっているわけですが、レヴィナスはもっと後で、すなわち一九八五年に、みずからの命題のいくつかを見なおすことになります。後でその点に触れましょう。

　愛は歓待の成就ではないのですから、結局のところ、レヴィナスは歓待と愛を区別することから始めざるをえません。それでもレヴィナスは、「言説の超越は愛に結ばれている」と認めます。そして言説の超越は端的な超越ではないのですから、そこに解きほぐすことの困難な錯綜した事態が生じます。何本かの糸が別の糸よりも遠くへ通じると、同時に通じません。建築術とまったく同様に、客観的なトポロジーでは、この錯綜の線や面や容量、角度や隅石[19]をデッサンすることはできないでしょう。境界を画定する輪郭線を識別し、隔たりを測定しようとしても、客観的なトポロジーでは無理です。この拡がり〔étendue: 張り出し〕はどのようなものでしょうか？　言語すなわち愛「よりも遠くへ通じる」ものは、また同時に「より遠くへ通じない」のです。

　けれども、あらゆる糸が歓待という結び目を通っていることは否定できません。あらゆる糸は歓待の結び目で結ばれては解かれます。

超越の形而上学的な出来事――《他人》の迎え入れ、歓待――《欲望》と言語――は、《愛》としては成就しない。しかし言説の超越は愛に結ばれている。私たちがこれから示すのは、愛によって、いかに超越が言語よりも遠くへ通じると同時に通じないか、である。[30]

第二に〔第一は七八頁〕、かくして私たちは歓待の次のような無慈悲な法へ呼び戻されることになるでしょう。すなわち、受け入れる主人《オート》(ホスト)、招待されたり受け入れられたりする客人《オート》(ゲスト)を迎え入れる者、自分こそ場の所有者であると信じている迎え入れる主人、こうした主人《オート》が、実は、自分自身の家に受け入れられた客人《オート》であるという法です。主人は自分自身の家のなかで提供する歓待を、自分自身の家から受け取っているのであり、そしてその家は根本的には主人に帰属しないのです。ホストとしての主人はゲストなのです。住処《ドゥムール》〔在留地〕は、自己自身へ、その本質なき「本質」へ、すなわち「安らぎの地」として、みずからを開きます。迎え入れる者は、まず最初に我が家に迎え入れられています。招待する者は招待される者によって招待されています。受け入れる者は受け入れられた者であり、ローゼンツヴァイクも指摘していた法に従えば、自分自身の家だと思っているもののなかで、さらには自分自身の土地の上で、歓待を受け取っているのです。ローゼンツヴァイクはこの根源的な脱所有化《エクスプロプリアシオン》を強調しました。それは、「所有者《プロプリエテール》」から自己の所有物《プロプル》〔自己固有性〕そのものを剝奪《エクスプロプリエ》することによって、そして自己《イプセ》からその自己性《イプセイテ》を剝奪することによって、我が家を行きずり《パサージュ》の場ないし借家にしてしまうような請戻しです。

……他のすべての民と異なり、〔永遠の民は〕我が家にいるときでさえ故国への十全な所有権について異議を申し立てられる。永遠の民は、自分自身の国における異邦人であり、束の間の在留者である。神が「国は私のものだ」と永遠の民に言う。大地の《聖性》は通常の占有から大地を請戻す……。[31]

比較というものは強引で人工的に見えることもありますが、私としては、ローゼンツヴァイクとレヴィナスのこれらの命題を比較することは必要であると思いますし、比較を利用し続けるでしょう（少なくとも暗黙のうちに）。一方（ローゼンツヴァイク）には、居住者が自分の家に受け入れられた客人（ゲスト）に変えられ、所有者が間借人に、迎え入れる主人が迎え入れられた客人に変えられる、神的な法があります。他方（レヴィナス）には、「格別の迎え入れる者」「それ自身において迎え入れる者」としての女性的な存在に関する一節があります。レヴィナスは、ある明確な契機において、それ自身において迎え入れる者を女性的な存在として定義しています。迎え入れる者（つまり一般的には迎え入れそれ自体が告知される起点）は、男性形で言われる以前に女性形で言われなければならないでしょう。その明確な契機とは、家が所有され[20]ないことを強調する必要があるとレヴィナスが判断する、まさにそのときです。少なくとも、家が所有（この語のきわめて特異な意味において）されるのは、家がその所有者に対してすでに歓待的であるかぎりにおいてのみです。家の主《メートル》、「この家のなかにいる主《メートル》」はすでに、自分自身の家に受け入れられた主人《オート》であり、ゲストです。迎え入れ、迎え入れること、迎え入れれ態勢[21]のこの絶対的な優先性、それこそまさしく「《女性》」の女性性であり、女性性としての――そして「女性的な他性」としての――内部性でしょう。クロソウスキーの物語のように（このような場で、ある倒錯的な演出を参照しても、それほど顰蹙は買わないでしょう)、この家のなかにいる主は、最初に女性が現存する〔est là: そこに存在する〕からこそ、自分が招待する者によって招待される者となるのです。先に話題にした倒錯性の経験、すなわち第三者を要求しつつも排除するという倒錯性の経験、それがここでは、性的差異との解消しえない結びつきのなかに見られるでしょう。

私が引用を用意したいくつかの文章について、読みは一通りではありません。その沖合に長時間逗留する必要があるでしょう。私が少し前にあるテクスト(ここでそれに立ち返るつもりはありません)のなかでおこなったように[32]、あるアプローチを取れば、レヴィナスが伝統的かつ男性中心主義的な身振りで、特定の性格を女性に割り振る様が認められて懸念を抱くでしょう(その特定の性格とは、私的な内部性、非政治的な家内性、レヴィナスが「言語なき社会[33]」と言う社会性の親密さ、等々です)。これが第一の読み方ですが、こうした読みやレヴィナス自身の解釈に対しても、論争的あるいは弁証法的な仕方で対立しない、もう一つ別の読み方を試みることも可能です。

この別の方向を位置づける前に、「格別に歓待的な迎え入れ」「格別の迎え入れる者」「それ自身において迎え入れる者」、すなわち「女性的な存在」についての定義に、なおも耳を傾けましょう。そして強調しましょう。

所有財産を基礎づける家は、その家が収容し保守する家具のごとき動産と同じ意味で所有財産なのではない。家は所有されてはいるが、それは家がそのときすでにその所有者に対して歓待的であるからである。このことが家の本質的な内部性へと私たちを送り返すのであり、どんな住民よりも先に家に住む住民へ、格別に迎え入れる者へ、それ自身において迎え入れる者へ、——すなわち女性的な存在へ——送り返すのである。[34]

この記述についての別のアプローチは、こんな性格づけは古典的な男性中心主義だなどとは抗議しないでしょう。反対に、このテクストを一種のフェミニズム宣言とみなすことさえできるでしょう。このテクストは、格別の迎え入れについて、すなわち絶対的な歓待、絶対に根源的な、根源以前的でさえある歓待による迎え入れないし迎え入れ態勢について定義をおこなっているのですが、その定義は女性性から出発するのです（根源以前的でさえある絶対的な根源とは、言い換えれば、倫理の〈倫理以前的な根源〉のことであって、それ以下ではありません）。この挙措は、存在論から解放された倫理のなかで性的差異を考慮するような、そんな本質的でメタ経験的な深いラディカルさに達するでしょう。迎え入れの開けは、経験的な女性たちの事実性にではなく、「女性的な存在」に付託されるにまでいたるでしょう。倫理のア－ナ－キ－な〔脱－支配的な〕根源である迎え入れは、「女性性の次元」に属するのであって、「女という性」に属する人間存在の経験的な現前に属するのではありません。実際レヴィナスはあらかじめ反論を予防しています。

どんな家もひとりの女性を事実上前提するということが経験的に真理であるとか、反－真理であるとか、そんなばかげた主張をおこなうことがここで問題なのではまったくない。こんなことをわざわざ言う必要があるだろうか？　本分析は、内的な生が身を置く地平の基軸の一つとして、女性的なものに出会ったのである。ある住処のなかに「女という性」に属する人間存在が経験的に不在であろうとも、住処による迎え入れそのものとしてそこに開かれている女性性の次元には何の変化もない。[35]

ここで、以上のような両立不可能な二つの読みのどちらかを、すなわち男性中心主義的な誇張とフェミニスト的な誇張のどちらかを選択しなければならないのでしょうか？　そして倫理において、そのような選択の余地はあるのでしょうか？　さらに正義においては？　法においては？　政治においてはどうでしょうか？　これほど不確かなことはありません。さしあたり、この二者択一に立ち止まることなく、ここで私たちが素描している軌跡のために、以下のことを心にとめておくだけにしましょう。すなわち、すでに私たちが何について語っていたにせよ、そして何を言っていたにせよ、この迎え入れの思考は、倫理の幕開けにおいて、性的差異によってみずからが刻印されることを望んでいるのだということ、これを（たとえ沈黙のうちにであれ）覚えておくほうがよいでしょう。性的差異はもはや決して中性化＝中立化〔中和〕されないでしょう。絶対的な、すなわち絶対に根源的な、さらには根源以前的でさえある迎え入れ、格別の迎え入れは、女性的なのであり、それは我有化《アプロプリアシオン》〔自己固有化〕しえない場において生じる〔場をもつ〕のです。我有化しえない場においてということは、ある開けた「内部性」においてということであり、その「内部性」の主ないし所有者は、まず自分が最初に歓待を受け、その後でその歓待を与えることを欲するようになるのです。

歓待は所有性[22]に先立ちます。このことは、後で私たちが立ち返るように、法の贈与が場－をもつこと〔生じること〕にとって、すなわち避難所とトーラーとのきわめて謎めいた関係にとって、イェルサレムという避難都市・安らぎの地とシナイとの謎めいた関係にとって、影響を与えないわけにはいかないでしょう。

私たちがここで果たすことのできない、けれどもとても重要な任務があります。それは、この迎え入れの思考を、この思考自身がある痕跡を追跡しているいたるところで、そのエクリチュールのすべての道を通して、辛抱強く認識することです。迎え入れの思考は、レヴィナスの語句や特有表現に即して署名しながら痕跡を追跡していますが、しかしそれは複数の言語の交差＝交配《クロワズマン》において、一つではない記憶への忠実さにおいて、なされています。

「歓待」という言葉は「迎え入れ」とほぼ同義の言葉ですが、それは「迎え入れ」の形象を限定あるいはもしかすると制限することになるかもしれません。そのとき何が告知されるのかについて、私たちはもっと控え目に接近しましょう。「歓待」という言葉が「迎え入れ」の形象を限定もしくは制限することによって、倫理と政治と法とのあいだに、いくつかの場が、先ほど私たちが注記しておいたように、「問いの誕生」の場が指し示されます。その「場」に、今日私たちの探究《エチュード》で提出されているように、「顔」と「シナイ」という名を与えてもよいかもしれません。

私がいったんその読解を中断し迂回した文言（「それ〔志向性、……〕についての意識」は言葉《パロール》への傾注あるいは顔の迎え入れ、歓待であって、定立ではない」）が、同義語の連鎖を提示していることは一目瞭然です。ですが、この直列的な命題の繋辞は何をしているのでしょうか？　それは脱連結の現象を連結しているのです。この繋辞の前提には、顔への接近——志向性ないし迎え入れとしての接近、換言すれば、歓待としての接近——が分離そのものから分離できないままにとどまる、ということがあります。歓待は、〈他者の他性〉の経験としての、他者への関係としての「ラディカルな分離」を前提とするのです。ここで言う関係とは、レヴィナスが「関係」という語において——すなわちこの語がもつ、運送、運び戻し《レフェランス》〔対象指示〕、あるいはむしろレヴィナスがときおり指摘するように、譲り渡しという射程において——強調し加工する意味での関係です。[1]　他者への関係は敬従〔déférence〕[2]なのです。このような分離こそ、レヴィナスによって「形而上学」と再‐指名されるものの意味であり、すなわち存在論に対立する倫理あるいは第一哲学の意味です。形而上学は有限者のなかに無限の観念が闖入することへと自己を（無限の観念を迎え入れるために）開くのですから、形而上学は歓待の経験〔3〕です。レヴィナスは歓待という言葉の到来をそのようにして正当化し、その到来の戸口を準備したのでした。自然学の彼方《メタ・タ・ピュシカ》への移行《パサージュ》は、無限へと開かれる有限な戸口の歓待を通過《パス》するのですが、この超《〈メタ〉》‐自然学《〈フィジック〉》〔形而上学〕的な移行は場をもちます。すなわち分離の深淵や分離の超越を通して生じ《ス・パス》、分離の深淵や分離の超越を通過《パス》するのです。

> 有限者が無限の観念をもつ形而上学的な思考——そこにおいてラディカルな分離と同時に他者との関係が自己産出される——のために、私たちは志向性、……についての意識という用語を取っておいた。それは言葉への傾注あるいは顔の迎え入れ、歓待であって、定立ではない。

この命題の駆動論理は、ここでもまた省略の平和な力業として作動しています。「である」という述定の繋辞がもろもろの概念を付け足して結合してはいますが、それはもっぱらある種の分離の法、すなわちそれなしには歓待の名に値するいかなる歓待もありえない無限分離の法に従うかぎりでのことです。

これはどういうことでしょうか？　用語について熟慮の上でなされた決断が、「有限者が無限の観念をもつ」状況に「形而上学」という言葉を割り振っています。その決断はある語の用法を「取っておく」権利をみずからに与えます（「有限者が無限の観念をもつ形而上学的な思考［……］のために、私たちは志向性、……についての意識という用語を取っておいた」）。その直前では、「と同時に」（この言葉は「自己産出される」出来事の自動‐産出を規定するにいたります）の共時性によって、形而上学と他者の迎え入れと「ラディカルな分離」とが等号で結ばれていました（「有限者が無限の観念をもつ形而上学的な思考——そこにおいてラディカルな分離と同時に他者との関係が自己産出される——のために、私たちは志向性、……についての意識という用語を取っておいた」。強調はもちろんデリダ）。後に続く文言（「それは言葉への傾注あるいは顔の迎え入れ、歓待であって、定立ではない」）は慎ましく穏やかさを保っています。ですがこの穏やかさは、新しい言語の発明あるいは古い語の新しい用法の発明を命じるパフォーマティヴな裁決の論理としても解釈できるようなものです。その文言は力業によって歓待へと開きますが、この力業は、平和宣言、平和そのものの宣言以外の何ものでもありません。

そして私たちは後で、レヴィナスにとって平和の出来事とはどのようなものなのかと問うでしょう。

　繋辞のパラドクス的な用法（「それは言葉への傾注あるいは顔の迎え入れ、歓待であって、定立ではない」）は、複数の実詞の意味のあいだに本質的な絆――まさしくラディカルな分離が生み出す共同的な脱連結に由来する本質的な絆――を措定するだけではありません。この繋辞は、次の頁ではっきりと「存在の彼方に」位置づけられることになるものの方へと運んでいきます。そうすると、この命題が歓待として通用させているのは、志向性すなわち〈……についての意識〉だけではなく（文法上の主語である「それ」と、続く同格のすべての言葉は明らかにこれにかかっているのですが）、形而上学それ自体、有限者のうちなる無限、ラディカルな分離、他者との関係などでもあるでしょう。このように存在の彼方に存在するもの、あるいはむしろ存在の彼方に開けるもの、そうしたものの本質態勢〔essance〕[1]が歓待なのです。

　したがって、もはや文字どおりにはレヴィナスのものではない言い方で、少々荒っぽいですが、次のように結論できるかもしれません。すなわち〈歓待は無限である〉あるいは〈歓待は存在しない〉と。歓待は、無限の観念の、つまり無条件なものの観念の迎え入れにこそふさわしいのであって、少し先でレヴィナスが語るように、「道徳とは哲学の一分枝などではなく、第一哲学なのだ[2]」と言えるのは、歓待の開けから出発してです。

ところで、こうした無限な歓待、つまり無条件な歓待、倫理の幕開けにおける歓待は、限定された特定の政治や司法の実践のなかで、いかに調整されるのでしょうか？　翻って言えば、無限なあるいは無条件な歓待は、特定の政治や法をいかに調整するのでしょうか？　無限なあるいは無条件な歓待は、政治や法や正義といった言葉で私たちが相続してきた概念のどれにも適合しないような政治、法、正義を、それらの名を呼びながら、生み出すのでしょうか？　意識が歓待であること、コギトとは提供されたあるいは贈与された歓待であり無限な迎え入れであること、これを〈私の有限性のうちに無限の観念が現前すること〉から演繹すること。これこそが、かくも悠然と歩んでいたフランスの騎士〔デカルト〕が、そう安々とは踏み出せなかった一歩です（レヴィナスはこの騎士によく訴えかけますが）。

志向性は歓待ですから、定立に抵抗します。能動性なき行為、受容性としての理性、受け取ることの感性的かつ理性的な経験、迎え入れの挙措、異邦人としての他者に差し出された〈ようこそ〉――こうしたものである歓待は志向性として開かれますが、決して対象や事物や定立にはなりません。それに引き換え、定立のほうは、すでに歓待、迎え入れ、志向性、顔を前提とします。門戸を閉ざすこと、非歓待、戦争、他者嫌悪《アレルギー》[4]などはすでに、それらの可能性として、差し出されたあるいは受け取られた歓待を、すなわち原初的な平和宣言を、もっと正確に言えば、根源以前的な平和宣言を、暗に前提しているのです。レヴィナスによれば、倫理的かつ根源的な平和（根源的ではあるが自然ではありません。むしろ根源以前的、脱《ア》‐始原的《ナーキー》と言ったほうがよいでしょう）は「永遠平和」とは区別され、そして普遍的な、コスモ‐ポリタンな、つまり政治的《ポリティク》かつ司法的な歓待とは区別されますが、カントの遺産とのたいへんもつれた論理関係において（その問題は後で見ます）、こうした線引きを可能にする恐るべき特徴の一つは、おそらくここにあります。カントが語る歓待は、戦争状態である自然状態を中断するために、すなわち顕在的であれ潜在的であれ戦争しか知らない自然と手を切るために、創設されるべきものです。カントによれば、平和として制度化された普遍的な歓待が、自然の敵対性に終止符を打たなければなりません。反対にレヴィナスにとっては、アレルギーそれ自体、すなわち顔の拒絶や忘却は、平和という基盤の上に、歓待という基盤の上に、二次的な否定性を書き込みに到来するものです。さらに、〔レヴィナスの〕この歓待は、政治的なものの秩序には属しません。少なくとも、たんに政治空間に属するのではありません。おそらく、この点がカントの平和概念との第二の違いです。カントの平和概念は明らかに司法的かつ政治的な概念であり、間‐国家的で共和的な制度の相関物です。それに対して、レヴィナスは「政治は後で！」の終わりで、「平和は純政治的な思考をはみ出す概念である」と示唆します（「示唆」とはレヴィナス自身の言葉であり、「政治は後で！」のほぼ最後の言葉です）。これは、『全体性と無限』の「序文」の開幕を告げていた、「平和に関しては終末論しかありえない」というあの平和宣言の、遠いけれども忠実なこだまです。

短い「戦争と平和」論でもあるこの「序文」は、預言的な終末論という概念をその哲学的な明証性から、歴史の地平あるいは歴史の終焉という地平から引き抜いてもいました。それに関しては終末論しかありえないという平和は、

戦争によってヴェールを剝がされた客観的な歴史のなかに、この戦争の終焉ないし歴史の終焉として座を占めるべく到来するのではない。④

こうしたいくつかの参照は指標になりえますが、とりあえず放棄しておきましょう。これをもち出したのは、レヴィナスとカントにおける平和の問題系の尋常でない複雑さ、すなわち、レヴィナスの歓待の思想における倫理的なもの、司法的なもの、政治的なものの問題と、『永遠平和のために』のカントとのあいだにある、平和の問題系の尋常ならざる複雑さに立ち返る必要を、いまの時点でさえ、遠くから、正当化するためです。

志向性は歓待である、とレヴィナスは文字どおりに言います。この繋辞の力は歓待をきわめて遠くまで運んでゆきます。限定的かつ限定可能な仕方で歓待と呼ばれることになる何事かを、ここそこで囲い込まれたかたちで経験する——あるいはしない——ような志向性の経験など一つも存在しません。そうではありません。志向性はそれ自身の戸口からすでに、その最も一般的な構造において、みずからを歓待、顔の迎え入れ、歓待の倫理として、つまり倫理一般として開いているのです。というのも歓待は倫理学の一領域でもなければ、さらには後で見るように、法問題や政治問題の名でもないからです。歓待は倫理性そのものであり、倫理の全体にして原理です。そして歓待が囲い込まれるがままにも派生させられるがままにもならないのだとしたら、歓待が志向性の経験の全体を根源的に慄かせ超えてゆく[5]のだとしたら、そのとき歓待に対立物はありません。アレルギーや拒絶や外国人嫌いといった現象、そして戦争でさえ、レヴィナスがはっきりと歓待に調和させたり結びつけるものの表現でしかないのです。文字どおりの文言は忘れてしまいましたが、ある対話のなかでレヴィナスはこの点を強調することに執着しています(と私には見えます)。最悪の拷問人でさえ、彼がみずからにおいてあるいは他者において破壊する当のもの——すなわち顔——を証立てているのです(救いはしませんが)。敵対性は、望むと望まざるとにかかわらず、また人が知ろうと知るまいと、やはり歓待を立証しているのです。つまり敵対性もまた、「ラディカルな分離」「他者との関係」「志向性、……についての意識、言葉への傾注あるいは顔の迎え入れ」の証言なのです。

別の言い方をすれば、歓待と呼ばれるこの顔の迎え入れ以前には、そしてそれなくしては、志向性はありません。さらに正義としての言説なくして、すなわち「顔になされる迎え入れの廉直さ」なくして、顔の迎え入れもありません。これこそが、『全体性と無限』の最終部分の文言が署名する内容です。

……言語作用の本質は善良さであり、さらには[……]言語作用の本質は友愛と歓待である。[5]

これに相関することですが、志向性の現象学の照明なしには、歓待について何も理解されないでしょう。とはいえ、この場合の現象学とは、必要とあれば定立を放棄するような現象学のことです。歓待の倫理が現象学のなかに導入する変異、跳躍、すなわちラディカルですが慎み深くパラドクス的な異質性がここにあります。レヴィナスはこれを、ある特異な中断、現象学それ自体の宙吊りないしエポケーとして、つまり現象学的エポケー以上のエポケー、そして現象学的エポケー以前のエポケーとして解釈しています。

この中断を、ラディカルな分離(言い換えれば、歓待の条件)を導入する中断に関係づけたくもなるでしょう。というのも、倫理的な言説が現象学の内部に、あるいはその内－外に標記する中断は、よくあるふつうの中断ではないからです。この中断は、現象学が自分自身に課すものです。現象学が自分自身を中断するのです。自己による自己のこの中断は(このような何かが可能ならばですが)思考によって引き受けることができますし、引き受けられなければなりません。それが倫理的な言説です。そしてそれが、定立の境界《リミット》＝限界として、歓待でもあります。歓待、それは自己の中断ではないでしょうか？

（現象学自身による現象学のある種の中断は、たしかに倫理的な必要性としてフッサールによって公式に認められはしませんでしたが、しかしすでにフッサールに課されていました。彼が根源的直観、すなわち対象それ自体の、「本体」の現前化という原理中の原理を放棄せざるをえなかったときがそうです。『デカルト的省察』のなかで、結局は準現前的なアナロジーによってしか開示されず、したがってラディカルに分離されたままにとどまる他者、根源的知覚にとって到達不可能にとどまる他者――つまり他我《アルター・エゴ》――に関して、原理中の原理が放棄されなくてはならなかったということは、フッサール現象学にとっても、他人の超越に関するレヴィナスの言説（この言説はそれ自身の流儀でこの中断を相続しています）にとっても、無意味ではありません。ここで他者について言われている内容は、他の場所で私たちが強調したように、時間運動としての他性から切り離すことができません。つまりタイトルを挙げれば、「時間と他者」です。）

「自己自身を中断すること」が、そして〈他者としての自己〉による自己中断が、いったい何を言わんとしているのかがわからなくては、歓待について何も理解できません。

「近さ」[6]に付けられたある脚注で、この点が明確に述べられています。この脚注で話題になるのは、「現象学が自分自身の中断を標記するために訴える倫理的な言語」です。この倫理的な言語は、「記述に押しつけられた倫理の介入から生じるのではない。それは知と際立った対照をなすアプローチの意味そのものである」。

中断は政令のごとく現象学に課されるのではありません。中断が産出されるのは、現象学の記述の流れそのもののなかでであり、自分自身の運動、スタイル、規範に忠実な志向的分析に従ってのことです。中断は倫理の名において、自己による自己中断として決定されるのです。それは現象学による自己中断であり、現象学はそのようにして自分自身の必然性に、自分自身の法に従う[6]のです。その場合、この法は定立を中断せよと現象学に命じるのであり、言い換えれば、自己への忠実さによって自己に不実であれと、「志向的分析への」忠実さ（レヴィナスはこれをつねに要求するでしょう）[7]によって自己に不実であれと、そう命じるのです。不実にするこの忠実さは、歓待としての〈……についての意識〉を尊重することです。

レヴィナス自身も、こうした自己中断は一つの「パラドクス」であると見ています。この「パラドクス」が指し示すのは、顔の「謎」以外の何ものでもありません。顔は慎み深さのなかでみずから退きながら、「開示と表明に逆らう」(「栄光」の光に逆らうというわけではありません)場合にのみ、まだこう言えればですが、自己を現前させるのです。かくして歓待の最初の契機において、引き裂かれたりめくり上げられるというよりも、むしろ中断されるのは、まさしくヴェールの形象と啓示としての真理の形象です。[7] すなわち、ヴェール剝ぎという真理の形象、さらにはヴェールをまとうこと／剝ぐことという真理の形象です。実際「近さ」のこの脚注は「痕跡としての顔」の分析から必要になったものですが、「痕跡としての顔」は「私の応答責任においてそれ自身の不在を表示」し、「倫理的な言語にのみ適応する記述を要請する」のです。

現象学のこの倫理的な言語は、指示《プレスクリプシオン》[8]を記述します。もちろん指示を記述できるのは、すでにそしていまだに指示が下されていればこそですが、そうした指示を現象学の倫理的な言語は記述するのです。現象学的記述はつねに指示として解釈されると同時に、指示にもとづいた中立的な記述としても解釈されることができます。この中立化はつねに可能であり、また恐るべきものでもあります。それはおそらく、レヴィナスが中立化あるいは中立性を批判するたびに立ち向かう、数ある危険のうちの一つです。――レヴィナスは、ハイデガーに対しては中立化あるいは中立性の罪を犯したとして非難し、そして奇妙なことにブランショに対しては、中立化あるいは中立性を「浮き彫りにすることに貢献した[8]」と称えるのではありますが……。

歓待を顔の形而上学に委ねる一連の分析的な命題を繰り広げることで、主体の主体性についての再定義がおこなわれます。その際、通りすがりに、迎え入れ、住むこと、家といった名が挙げられます。これらのモチーフが、『全体性と無限』のなかで「住処」のタイトルのもとで扱われていたのは先ほど見たとおりです[9]。「住処」とは、「対自」の彼方の「我が家」のことであり、「安らぎの地」であり、そしてなによりも〈女性的なもの〉です。すなわち、「女性的な他性」、格別の迎え入れ、女性的な顔の優しさ、いささかも自然でも動物的でもない慎み深い沈黙のなかで押し黙る女性的な言語、等々です。

迎え入れのカテゴリーが公開前の幕開け[9]をいたるところで規定しています。この幕開けは、空間の不確定な形象には決して還元されませんし、またなんらかの穴にも、さらには現象性への開け（たとえばハイデガーが言うErschliessung〔開示すること〕、Erschlossenheit〔開示性〕[10]、あるいはOffenheit〔開放性〕）にも還元されません。迎え入れは、扉と敷居の開けのトポスを他者へ方向づけて転回させ、トポスを他者としての他者に差し出します（たとえそのものとしての他者が現象性から、さらには定立から身を引き剝がすとしてもです)。迎え入れの語彙、すなわち「迎え入れ」という名詞と「迎え入れる」という動詞は、その異例の頻度で、いたるところで、『全体性と無限』という書物《リーヴル》の、こう言えるならば、その鍵を与え《リーヴル》ています。たとえば「結論」で。「他人を迎え入れるとき、私は私の自由が従属する《至高》を迎え入れるのである」(11)。

この自由の従属化〔subordination: 下に置くこと〕は、たしかに基体〔subjectum〕を下に置くこと＝従属〔sujétion〕なのですが、けれどもそれはある種の従属主体化〔assujettissement〕——すなわち、主体〔sujet〕から誕生や自由を奪うのではなく、主体にその誕生を贈与すると同時に、そのように秩序づけられた〔ordonné: 命じられ、従わされた〕自由をも贈与する従属主体化のことです(10)。たしかにそれは主体化〔subjectivation〕なのですが、内部化という意味での主体化ではありません。むしろ主体が《至高》としての《まったき‐他者》(11)を迎え入れる運動のなかで、主体が自己へ到来する〔自分になる〕ことなのです。この従属化《シュブオルディナシオン》は主体の主体性《シュブジェクティヴィテ》を秩序づけ《オルドヌ》、贈与し《ドネ》ます(12)。他人の迎え入れにおいて《至高》を迎え入れること、それが主体性そのものなのです。私たちが読解に取りかかっていた文章(「それは言葉への傾注あるいは顔の迎え入れ、歓待であって、定立ではない」)は、結論において一種の定理ないしは定義の命題へと集結します。最終的に、主体性は、歓待として、否定なき分離つまり排除なき分離として、倫理的な肯定における脱連結のアフォリズムの現実態《エネルゲイア》として、再‐定義されます。[13]

かくして、それ「「自分の家のなか」にある自己意識」は分離を肯定的《ポジティヴ》に成就するのであり、自身がそこから分離される存在の否定には還元されない。そうではなく、自己意識は分離を肯定的に成就するからこそ、切り離される存在を迎え入れることができるのである。主体とは主人である。[12]

主体すなわち主人。これは驚くべき等式です。この等式を、その何年か後の「身代わり」のなかで、それから『存在するとは別の仕方で、あるいは本質の彼方』のなかで浮上してくる別の定式と反響させ、共鳴させ、ともに出廷させたとしても、少しも詐術ではないと思います。『存在するとは別の仕方で、あるいは本質の彼方』でのこの第二の裁定も、また簡潔に凝縮しアフォリズム的ですが、そこでは「主体とは主人である」とは言われず、あるいはもはや言われず、「主体とは人質である」[13]、あるいはもう少し先のところでは、「自己性とは……人質である」と言われます。

これは結局同じことを言っているのでしょうか？　他者との関係について同じことを？　この二つの命題は同じ主体性を言わんとしているのでしょうか？

主体がこのように〈「人質」であること〉は、〈「主人」であること〉と同様、疑いなく、主体に後から遅ればせにつけ加わる属性や偶有性などではありません。〈人質であること〉は、〈主人であること〉と同様に、「他人への応答責任」としての主体の主体性です。

　他人への応答責任は、《主体》にたまさか生じる偶発事ではなく、《主体》において《本質》に先立つものである。この応答責任は、他人のためのアンガージュマンを決断する自由を待つことはなかった。私は何もしなかったのであって、私はつねに訴訟のうちにあり、責め立てられていたのである。自己性は、同一性のアルケーなきその受動性において、人質である。私という語は、万事と万人に応答責任を負う〈我ここに〉を意味する。[14]

「主体とは人質である」という文句はいったい何をしているのでしょうか？　それは身代わり〔*sub*stituion〕[14]の論理が進展するなかで、韻律の上昇を、強力な句読点を刻み込みます。人質とは、なによりもまず、その人の唯一無二性によって身代わりの可能性を耐える誰かのことです。人質はそれを、この身代わりを被っています。人質は身代わりへと従属主体化された主体であり、他者たちのために、他者たちの代わりに応答する責任のなかで自己現前する（「我ここに」）、まさにそうした契機のもとに置かれた主体です。このとき身代わりは、私たちが『全体性と無限』のなかでいま位置を定めた「従属化《シュブオルディナシオン》」（服属《シュジェシオン》や従属主体化《アシュジェティスマン》や主体化《シュブジェクティヴァシオン》における主体性の構成）を引き継いでいます。身代わりは、概念や語彙の新しい布置、新しい語群、新しい刻印を押された語群（傷つきやすさ、トラウマ、精神病、告発、責め立て、強迫、等々）から切り離せませんが、そこではたしかに、まったく継続的な仕方で（と私には思われます）、『全体性と無限』の跳躍と「論理」が打ち出されています。けれども、それは志向性の優位をいっそう徹底的に除去するためであり、いずれにせよ志向性の優位を「意志」や「能動性」の優位になおも結びつけるものを、いっそう徹底的に除去するためです。そして第三者の彼性が正義の「必要」と同時に問いの誕生をもあいかわらず標記していますが（思い起こしてください）、「問い〔question〕」という言葉はいまや人質の状況へと折り曲げられています。主体は、それ自身が「問い」であるというよりも、むしろ「問い＝審問のうちに〔*en* question〕」あるものとして人質です。主体の告発、主体の責め立て、主体の強迫、すなわち主体を「責め立てる強迫」、それは主体が「審問のうちにあること〔être-en-question〕」です。この「審問‐内‐存在」は、問う者あるいは問われる者〔問いの主体／客体〕の存在のことではありません。そうではなく、こう言ってよければ、主体が訴訟のなかに置かれた[15]自分を見つけるとき、すなわち主体が受動的に自分を見つけるとき、つまり異議を突きつけられ、呼び止められ、告発され、責め立てられ、訴訟のうちに置かれてしまったものとして受動的に自分を見つけるとき、そうした場合に「審問のうちにあること」です。したがって、私たちが思考しなくてはならないのは、とはいえ根本的に同じ一つの定めとして思考しなくてはならないのは、この別の住み方、迎え入れ／迎え入れられる別の仕方なのです。主人とは、審問のうちに置かれた主体＝被験者〔sujet〕であるかぎりで人質です。主体は自己が生じる場そのものにおいて――すなわち、移民、亡命者、異邦人、永遠の客人として、みずからが居を選び定めるよりも先に居へと選び定められている場合に――強迫に取り憑かれ（つまり攻囲され）、責め立てられた存在です。主人とは、そのような主体＝被験者として人質なのです。

> 主体の主体性とは、自分を打つ者に頬を差し出しつつ[15]、全面的に攻撃に曝し出される、そのような相貌のもとにある応答責任のことであり、審問のうちにあることである。対話に先立つ、すなわち問いと応答の交換に先立つ応答責任[……]。このように、自己自身における責め立ての再帰は志向性に還元できない。志向性においては、意志がその中立的な観想の運動においてさえ、自己主張をおこなう[……]。他者たちのための応答責任において自己が再帰すること、つまり責め立てる強迫は、志向性とは逆方向に向かうのであり、それゆえ他者たちのための応答責任が利他的な意志を意味することなど絶対にありえない[……]。いかなる座標系にも準拠することなく同一性が唯一者として個体化されるのは、強迫の受動性——つまり受肉した受動性——においてである。そのとき同一性は、責任逃れに陥らずに他者からの指名を免れることはできない。[……]万人からの告発のもとで、万人のための応答責任は身代わりにまでいたる。主体とは人質である[16]。

ここで私たちは、*hôte* と *otage*、主人としての主体と人質としての主体（ないし自己性）とのあいだにある、（語源ではなく）意味の親和性の薄暗い流域のなかを滑っていきます。人質(ostage)という言葉で理解されるものが、権力の及ぶ場所で主権者の意に委ねられたり収容されたりする客人のことであれ、[16]攻囲状況から理解された obsidium ないし obsidatus(人質ないし捕囚の状態)のことであれ、どちらでもかまいません。どちらの系統であれ、代わりとなる質草〔*gage*〕[17](「万人からの責め」「万人への責任」)が見られます。そこには同じ倫理の二つの形象、すなわち所有権なき歓待と人質を「責め立てる強迫」という二つの形象のあいだにレヴィナスが切り開く通路《パサージュ》が見られます。自己性という用語はかなり前からレヴィナスの言説の中心で、歓待の意味論に、すなわち hosti-pet-s(言い換えれば、主人/客人《オート》の師=主人《メートル》/客人より大きなもの《メートル》)としての hospes の意味論に結びつけられています。自己自身、主性=支配〔maîtrise〕、所有、権力といったもろもろの意味は互いに絡み合い、hostis〔見知らぬ人、敵〕の敵性[18](この敵性についてはすでに指摘したことがあります)と隣り合いながら、一つの緊密なネットワークをなしているのです。この系譜学は証明ずみです[17]。

Ⅲ

以上のような恐るべき困難を背景にして、今日ここで、少なくとも三つのタイプの問いが浮かび上がってきます。私たちが試みるのは、それらの問いの状況を確認し、きわめて不揃いないくつかの分析(これらの分析は互いに不揃いであるだけでなく、それぞれの争点に対しても不揃いです)をおこなうことだけです。

一、まず第一に、SはPであるという形式で主語となる主体を簡潔かつ明示的に定義する二つの命題――すなわち「主体は主人である」と「主体は人質である」――の軌跡(数年間の隔たりがあります)についての問いがあります。この二つの述語命題で、主体が主語であることは変わりません。論理的かつ歴史的なこの軌跡は、同じ内容の表現でしょうか?　それとも、主体概念をさらに変容させつつ、主体概念の土俵換えをおこなっているのでしょうか？（すでに『全体性と無限』で、この主体概念によって、存在論の伝統は歓待の倫理へ、迎え入れの現象学的分析へ、顔の高みへ従属させられていましたが。）

二、この軌跡の途上で、主人主体は人質存在として指名されます。人質存在と連鎖する他の概念とともに、この指名によって、迎え入れはどう変わるのでしょうか？（連鎖する概念とは、以下のものです。応答責任を指定された代替不可能な者が身代わりであること、「責め立ての無制限な帰責〔accusatif: 対格〕」、「自己、人質、すでに他者たちの身代わりである者[1]」、「代名詞Se（私たちのラテン語文法はその名格〔nominatif: 主格〕を「知らない」）の意味[2]」、借りや契約以前の負債、自由なき応答責任、外傷、強迫、責め立て、供犠の還元不可能性、等々。別の仕方で言えば、迎え入れにおける帰責の法。）

このような「反転[1]」――これはレヴィナスの言葉であり、しかも倫理の運動、倫理関係を描く言葉です――は、迎え入れの審級に先立つ擬似契機の審級を出現させるのではないでしょうか？　これまで迎え入れの審級は、根源的あるいは根源以前的とさえ思われる審級そのものだったわけですが、それに先立つ擬似契機の審級が出現するのではないでしょうか？　ところで、こうした「反転」の仮説と、選びや政治的なものといった同時期に使用される概念とのあいだには、どのような関係が立てられるでしょうか？

後者の問いをここで展開することはできませんが、『存在するとは別の仕方で、あるいは本質の彼方』の「身代わり」の節を二箇所ほど参照することで、この問いを（問いのまま在留する問いとして）補強できるかもしれません。

Ａ　第一の参照箇所では、選びという名が挙げられています。この選びは、主体が何に対してであれ与えることのできる歓待、とりわけ《善》ないし善良さに対して与えることのできる歓待に、奇妙かつ意味深長な仕方で、すなわち絶対的に異例な仕方で先立つような選びです。選びによる指名は私に先立ち、私の迎え入れる能力を選びに従属させながら、私を選びます。たしかにこれは『全体性と無限』で私たちが読んだ内容に反してはいません。『全体性と無限』では、迎え入れは迎え入れそれ自体の彼方において迎え入れるのであり、実は迎え入れは、迎え入れることができるというよりも、むしろ迎え入れなければならないのでした。ですがここでは、人質の選びは応答責任の指定として、いっそう「根源的」（実はいつものように、根源以上に根源的ということですが）であるだけでなく、主人の迎え入れや歓待といった平和な語彙が感じさせたかもしれない以上に、はるかに暴力的で、実は外傷的だと思われます。ほんの一例ですが、レヴィナスはある差異について次のように記しています。

> 《善》は私が迎え入れるよりも先に私を選ぶ〔強調デリダ〕のであるから無差別ではない。《善》のこの非‐無差別性における差異。それは《善》の彼性を、彼性が分析から除外されるがままにするという点で保護する。しかし彼性が言葉のなかに残す痕跡だけは、あるいはデカルトの第三省察が反駁の余地なく証言したような、思考における「客観的実在」だけは、分析から除外するわけにはいかない。他人への応答責任において、自我《モワ》——それはすでに自己《ソワ》であり、[2] すでに隣人に取り憑かれた者である——が唯一無二であり代替不可能であることは、自我の選びの確証なのである。[3]

いま一度、「彼性」(「彼性」は、審問、第三者、正義の出現である)によって、あるときは対面の中断が、またあるときは対面そのものにおける顔の超越そのもの——すなわち、あなた＝あなたがた〔*vous*〕[3]の条件、隣人の近さのなかでの〈私‐きみ〉の断絶(つまりある種の女性性の断絶、「女性的な他性」のある種の経験の断絶)——が指し示されます。しかし、この「あるときは……、またあるときは……」は二者択一を意味するのでも、順番を意味するのでもありません。この二つの運動は、「あるときは……、またあるときは……」よりも早い共起関係〔競合関係〕にあります。それらは待ったなしであり、お互いを待つことはありません。強調しなければなりませんが、レヴィナスはすでに『全体性と無限』で、この「第三者の現前」と正義の問い〔審問〕とを、顔の（こう言えるなら）最初の瞬間から、対面の戸口における事態として認識していました。「第三者が他人の眼差しのなかで私を見詰めている――言語は正義である。まず最初に顔があって、次に顔によって顕現し表現される存在が正義を配慮するのではない〔……〕。預言的な言葉は本質的には顔の公現に、〔……〕第三者の現前を証示するかぎりでの顔の公現に応答するのである④」。

　私たちは不可能な可能性（アポリアないし深淵）へ急ぎ足で向かっています。この不可能な可能性によって、二者択一なき競合〔共起〕[4]は、ここで私たちを襲うすべての問いを重層決定しているでしょう。「《きみ》の奥底の《彼》」の共起〔競合〕。レヴィナスはこの定式によって、最終的に三つの審級を互いに調和させます。私たちはその三つの審級をたえず一緒にして迎え入れなくてはなりません――あるいは同じものとして集めなおさなくてはなりません。そう、同じもの〔同者〕としてのまったき他者、同じ《彼》、分離されしもの。すなわち、三人称としての《彼》の彼性(「《きみ》の奥底の《彼》」)、聖性、そして分離。

《欲望されうるもの》は不可侵なものとして、みずからが呼び招く《欲望》関係から自己を分離する。そして、この分離ないし聖性によって三人称にとどまる。すなわち、《きみ》の奥底の《彼》にとどまる。⑤

こうした言葉の連鎖の網目ないし環は、そこから生じる帰結の効力全体を次のような切断のあるいは翻訳の地点へと運んでいきます。すなわち「倫理」、「倫理」という語は、分離されしものの聖性(kadosh)を論じるヘブライ語の言説のおおざっぱな等価物、ギリシア語におけるその場しのぎの代役にすぎないという点です。この分離されしものの聖性は、神の神聖さと(とりわけ神の神聖さと)混同されてはなりません。ですが、いったいどんな言語でならば、そんなことが可能なのでしょうか? 分離された聖性の無限な超越に敬意を表さなくてはならないときに、すなわち、分離の、さらには出発(到来の反対ではない出発）の瞬間にウィと言わなくてはならないときに、分離されしものを迎え入れること、また迎え入れつつも自己を切り離す者の運動、これはア - デューの息吹を吹き込むあの敬従《デフェランス》ではないでしょうか？

B　二番目の箇所を字句どおりに参照《レフェランス》すると、私たちは以上のような「反転」のさらなる意味へと転回させられます。すなわち、倫理的なものが政治的なものを超過することへと、「政治的なものの彼方の倫理」へと転回させられるのです。先に私たちはあの「パラドクス」、すなわち自己の中断、現象学のうちでの——現象学自身による——自己中断に注意を払いました（この自己中断によって、現象学は、自己から自己へと出てゆく契機《モーメント》において自己を看取すると同時に宙吊りにします）。この問題が「身代わり」のある一節で再び取り上げられますが、その場合の「彼方」とは何を意味するのでしょうか？　政治的なものの彼方の倫理的なもの、これこそ、現象学がそこに「投げ出された」パラドクス的な反転です。

現象学は、接近［ここでいう接近とは、他者あるいは顔を隣人として迎え入れる経験のことです］を記述するなかで、定立から脱 - 支配体制《アナーキー》への反転を辿ることができる。現象学が突如としてそこに投げ出されたパラドクスを表現するために倫理的な言語が到着する。というのも倫理は、政治的なものの彼方で、この反転の地平にあるからである。退隠によって隣人は顔として整序されるが、〔現象学の〕記述は接近から出発することで、この退隠の痕跡を保有する隣人を見出すのである。[6]

「……退隠によって隣人は顔として整序されるが……この退隠の痕跡」。この退隠は時間それ自体の継ぎ目を外します。退隠が時間のなかでしか、通常の表象《ルプレザンタシオン》[5]の時間のなかでしか生じないのであれば、その場合の退隠とは、現在《プレザン》の現前《プレザンス》を変様させることでしかありません。すなわち、今‐現在、過去‐現在、未来‐現在といった具合に、現在の現前を変様させることでしかありません。しかしここでは、この〔レヴィナスが言う意味での〕退隠、つまり顔の痕跡は、時間における現在性《プレザンス》と再現在化《ルプレザンタシオン》〔表象〕の秩序を脱臼させます。この顔の痕跡が歓待の語彙系に翻訳されると、訪れ〔*visitation*〕[6]と呼ばれることになるでしょう（「顔はそれ自体からして訪れと超越である」[7]）。この訪れの痕跡は、継ぎ目を外し、調子を狂わせます。――予期せぬ、望外の、恐れられていた訪問〔visite〕の場合に起こるように。それは疑いなく、期待の彼方で待たれた訪問であり、もしかするとメシアの訪れのことかもしれません。けれども、たとえそれがメシア的な訪れだとしても、それはなによりもまず、その訪れの過去《パセ》、主人＝客人《オート》の「足跡《パセ》」が、想起《アナムネーシス》によるあらゆる再現在化〔表象〕を超過すればこそです。その訪れが、過ぎ去った現在の記憶に帰属することは絶対にありません。

……顔が輝くのは《他者》の痕跡においてである。そこにおいてみずからを現前させるものは、私の生からみずからを釈放し[7]つつあり、すでに〈絶‐対〉的なものとして私を訪問する。誰かがすでに通り過ぎたのだ。その誰かの痕跡は、世界のなかでのその人の労働や享楽を意味しないのと同じく、その誰かの過去を意味するのではない。痕跡は、拒否しがたい深刻さ《グラヴィテ》によってみずからを刻印する〔彫り込む《グラヴァン》〕、と言いたくなるかもしれない）壊乱そのものである。

〔……〕通り過ぎてしまった神が原型《モデル》であり、顔はその似姿《イマージュ》であるということではない。神の似姿であることは、神の図像《イコン》であることではなく、神の痕跡のなかにみずからを見出すことを意味する。私たちのユダヤ‐キリスト教の精神性において啓示される神は、人格的な「秩序」そのもののうちにあるその不在の無限性の全体を保存している。『出エジプト記』第三三章に見られるように、神は痕跡を通してしかみずからを示さないのだ。[8]

つまり、「私たちのユダヤ－キリスト教の精神性」に共通するとされるある場所から到来する、訪れとしての啓示。その場所を、『出エジプト記』第三三章への参照が誘うように、シナイと名指してよいのでしょうか？　訪れや訪問という語によって、他者の痕跡を歓待の語彙系へ翻訳することが重要なのでしょうか？（私たちはそう示唆するふりをしましたが。）反対に、歓待の現象と可能性とを訪れのこの足跡へと導き戻さなくてはならないのではないでしょうか？（なによりもまず、この足跡へと再－翻訳するために。）歓待とは、訪れの予見不可能で抵抗不可能な闖入を追跡することなのではないでしょうか？（たとえそれが二次性の一瞬のあいだのことにすぎないとしてもです。）そしてこの逆翻訳は、翻訳し返される必要がある場合に、すなわち訪れが過ぎ去り、他者の痕跡が招待も歓待も迎え入れも待つことなく戸口を通り過ぎるあるいはすでに通り過ぎてしまったまさにその場において、みずからの限界《リミット》＝境界に出くわすのではないでしょうか？　つまり戸口《リミネール》という事態そのものの限界＝境界に出くわすのではないでしょうか？　この訪問は招待の誘いに応答するものではありません。それは主人と客人のいかなる対話関係をもはみ出しています。この訪問は、いついかなるときでも、主人と客人の対話関係を超過してしまっていなければなりません。訪問の外傷的な侵入は、心安らかに歓待と呼びうるものに先行してしまっていなければなりませんし、さらには歓待の法がすでにどれほど秩序壊乱的で倒錯的と見えようとも、そうした歓待の法にさえ、訪れの外傷的な侵入は先行してしまっていなければならないのです。

三、最後に、右の引用文の飛躍のなかに、さらにまた別の問いが存在します。すなわちレヴィナスの思考のうちに見られる、歓待——ないし人質——をめぐる倫理と政治との謎めいた緊張関係についての問いです。しかも、この緊張関係は、シナイなるもの、あるいはシナイの名、あるいは「シナイ」という名によって位置づけられるものが、ばらばらの複数の時代、複数の審級に属するまさにその場所に存します。この複数の時代、複数の審級を共時化したり、なんらかの大きな時系列に整頓したりすることなく、それらを一緒に思考することは、もしかすると私たちの義務かもしれません。一つとみなすことがすでに困難な、また内部に断絶のない物語の同質性へ折り畳むことがすでに困難な、そんな一つの時代において、シナイ(の)名が、トーラーを与えられた場所、メシア性の聖油、証言の箱〔モーセの十戒が刻まれた石板を納めた櫃《アーク》〕、証言の《板》、こうしたものを意味しないわけにはいかないのは確かです。この証言の《板》は、まず神の手によって書かれました。次に、神が頑迷な人民を脅すための手段とした悪について思いなおした後で(第一の断絶ないし中断)、《板》は神によって与えられます。次に、《板》は破壊されます(別の中断)。次に、神の栄光が通り過ぎる《パサージュ》とき、対面における神の顔の目撃が禁じられ、いわばあらゆる神の顕現が中断された後で、《板》が新たに彫りなおされます。次に、《契約》の場が更‐新され、次に、モーセの顔にヴェールがかけられては外されます。シナイ(の)名は以上のような場ですが、以上はどれも、自己の中断であり、歴史における不連続性です。時間の通常《オーディネール》の〔秩序立った〕流れの切断、しかしながら歴史の歴史性そのものをなす区切りです。

　ですが、今日シナイは(あいかわらずイスラエルの特異な歴史に関して言えば)現代《モデルニテ》の名でもあります。シナイ、シナイ半島。これはイスラエルとその他の国家との境界線《フロンティエール》を言い表す換喩であり、戦争と平和の最前線《フロン》、その境界線の換喩です。この換喩は、外国人、移民(正規の証明書をもとうともつまいと)、亡命者、難民、無国籍者、国家をもたない者、移住を余儀なくされた個人や住民といった(以上の概念は慎重に区別される必要があります)、すべての人質たちの迫害が、あらゆる大陸で前例のない残虐さにいたっているように思われる人類史と国民国家史の段階において、倫理的なもの、メシア的なもの、終末論的なものと政治的なものとの通路《パサージュ》を思考せよ、と挑発します。直接的に語ろうと語るまいと、どのような仕方で語ろうと、レヴィナスはたえずこうした暴力と苦しみへ眼差しを向けていたのでした。

いまここで、シナイと歓待の両方を名指す一節に、いくらか特権を与えることを許してください。それは『諸国民の時に』(一九八八年)という題名のタルムード読解の一節です。「諸国民とイスラエルの現前」という章のなかのある節の題名は、「諸国民とメシア的な時間」とさらに限定されています。レヴィナスは『ペサヒーム(過越の祭)』一一八bから引用した詩篇の注釈を開始し、彼一流の厳密さと発明力をもって、すなわち困難な自由をもってその詩篇に着手した後で、一つの問いを発します。その問いは外見上開かれたままに、宙吊りのままに残されています。慎ましいけれども、いかなる試練にも動じない不屈の論証のあいだずっと、この問いは、多くの糸、見えづらいけれども堅固な糸によって保ち続けられていました。レヴィナスはそのことを悟ったまさにそのときに、あたかも問いを空中に漂わせておくふりをするようなのです。問題となる問いは文の体裁をなしているとは言いがたく、動詞のない命題です。それは疑問符が付いたいくつかの単語のわずかな時間にすぎません。

それは揺れ動く、不安げな好奇心です。それは問い質し、知ろうとし、思弁のように物見高く、到来を見たいと思っています。それはまた臆病ですが挑発的な仮説でもあり、その慎ましい省略法のなかに、ひそかにいたずらと歓喜が混じっているかもしれない仮説です。この揺れ動く、不安げな好奇心、仮説を、過剰に解釈しようとは思いません。それはわずか数語の言葉です。

シナイ以前のトーラーの承認？

第一の翻訳を企ててみましょう。トーラーがある民族に贈られたという出来事以前に、つまり局所化可能な出来事の外で、すなわち日付と位置をもつ特異な〈場をもつこと〈生起〉〉以前に、法の承認がありうるでしょうか？　そんな承認などあるでしょうか？　そんな承認が可能だったり思考可能だったためしがあったでしょうか？[8]　一切の啓示以前でしょうか？　シナイという名、場所、出来事が何の意味ももたないような人々や国民によるトーラーの承認でしょうか？　あるいはシナイという名、場所、出来事が、イスラエルにとってもつ意味、イスラエルの言語が名指すものにとってもつ意味が、何の意味もないような人々や国民によるトーラーの承認でしょうか？　要するに、第三者たちによるトーラーの承認でしょうか？　身代わりの戯れに従う第三者たち、すなわち身代わりの戯れが唯一者を唯一者によって代替する際の第三者たち、そうした第三者たちによるトーラーの承認でしょうか？

筋立てを紛糾させる《アントリガン》こうした問いの複雑な筋立て《アントリーグ》をなすのは（そこに賭けられているものはきわめて重大ですが、ここでも私はやりすぎないようにしましょう）、もちろん歓待の試練です。あらゆる啓示の向こう側の歓待。レヴィナスにとって、イスラエルの選び、その唯一性、とりわけ普遍的なその範例性を問いに付すことが重要なのではありません。その反対です。重要なのはむしろ、レヴィナスが応答責任を負うところの普遍的なメッセージを、法が贈られた出来事と場所以前のところで、それらから独立させて、承認することです。人間の普遍性、人道的な歓待は、出来事の特異性の外へ引き抜かれます。そうすることで出来事の特異性は、経験的なもの、せいぜいのところアレゴリー的なものになり、もしかすると、たんに「政治的」なもの（私たちがいまから解明しなくてはならないこの語の狭い意味で）になるのかもしれません。

しかし、こうした問いあるいは解釈的な思弁から引き出されるべき教訓、この教えの教訓があるとすれば、それはイスラエル自身がみずからの歓待の倫理（それをなおもメシア政治と呼ぶ勇気は私にはありません）において引き出すべき教訓でもあるでしょう。もちろん、この一節のなかで、イスラエルが第一に現代国家のことを、すなわちイスラエルの名を有し、その名をみずからに与え、取得した国家のことを指しているわけではありませんが。

ですが、イスラエルの名がこのテクストにおいて別のものを指しているわけではないことも確かであり、したがって、この指定された名の歴史的かつ政治的な空間についての問いは開かれたままです。

さらに明確にするために、コンテクストの少なくとも一部を再構成してみましょう（このコンテクストがさらなる忍耐強い読解を必要とすることは言うまでもありません）。引用された《詩篇》は疑いの余地なく歓待の演劇と儀式を描いています。

彼〔ラビ・イシュマエル〕はまた別のことをラビに言った。「エジプトは将来の時において、メシアに贈り物をするだろう。メシアは彼らから贈り物を受け取るべきではないと考えたが、《聖なるもの》（《彼》に祝福あれ）はメシアに言うだろう。「彼らからそれを受け取りなさい。〔すべての後で＝結局は〕彼らは私たちの子らをエジプトに宿泊させた〔この語の強調は、もちろん私デリダ〕のだから」。ただちに、「高官たちがエジプトから到着するだろう」」。《詩篇》（六八・三二）からの引用終わり[9]。

最後の語句（「高官たちがエジプトから到着するだろう」）は、その数年前にレヴィナスが、サダト[9]のイェルサレムへの旅を「サダトの偉大さと重要さ」として、「異例の出来事」として歓迎した仕方を否応なく思い出させます。そのときレヴィナスは、それは「超歴史的な」出来事であり、「一生に二度はない、同時代を超えた」旅であるとも言いました[10]。

ところで、レヴィナスはこの断片を引用した後で、トーラーの経験とメシア的な時間の経験とを、シナイ以前あるいはシナイの外で――「トーラーの保持者や使者という資格」を主張できない者たちにとってさえ——規定する三つの概念、すなわち、博愛〔*fraternité*: 兄弟性〕、人類〔*humanité*: 人間性〕、歓待という三つの概念が同価値であることへと解釈を向けていきます。

ここで告知されているのは、構造的あるいはアプリオリと言えるかもしれないメシア性でしょう。それは非歴史的なメシア性ではありません。それは〈経験的に規定しうる個別的な具現化《アンカルナシオン》〔受肉〕のない歴史性〉に固有のメシア性です。啓示のない歴史性、あるいは与えられた特定の啓示の日付をもたない歴史性、そうした歴史性に固有のメシア性。もちろん、私がこんなふうに思い切って提示する仮説はレヴィナスのものではありませんし、少なくともこうしたかたちでレヴィナスは語ってはいません。けれども、この仮説はレヴィナスの方向性を推し進めようとするものです——もしかすると、レヴィナスと再び交差するために。彼がいつか言ったように、「キアスムの核心で」交差するために。

問題の三概念とは、つまり以下のとおりです。

一、博愛＝兄弟性〔*fraternité*〕の概念（これは、この一連のタルムード読解の全体を占める概念であり、実はレヴィナスの全作品の中心をはっきりと占めている概念です。私は他のところで、兄弟性のある種の形象が、まさに女性性とのある種の関係において優位であることに懸念を表明しようと試みました[11]。したがって、ここではその問題には立ち入りません。それはここでの本題ではありません)。

二、まさしく兄弟性としての人類〔*humanité*: 人間性〕の概念(隣人との兄弟関係、根本的かつ遍在的な内含関係。このモチーフがギリシアと同時に聖書に起源をもつことは、拭い去ることができないように思われます。また同様のものが、とりわけカントにおいて、ユダヤ的というよりもキリスト教的な地平で見られます)。

三、歓待の概念。とはいえ、ここで言う歓待は、『永遠平和のために』のカント、普遍的歓待へのコスモポリタンな権利を主張するカントよりも、はるかにラディカルな価値をもっています。コスモポリタンであるとは、言い換えれば、たんに政治的で法的、国家的で市民的であるということです(それはあいかわらず市民権・国籍によって規制されています)。

しかし、この第三の概念、すなわち歓待、避難所、宿（この三語は同じ頁に登場し、開かれた在留地における宿泊提供のことを言っています）――レヴィナスが「余所者《エトランジェ》に提供される場所」となおも呼ぶもの――は、さらに言えば、兄弟性、人類、歓待の三概念を結集させるあるいは収容する、具象的な図式でさえあります。すなわち、他者ないし顔を、隣人としてと同時に余所者として、つまり余所者、人間、兄弟であるかぎりでの隣人として、迎え入れることです。『ペサヒーム』一一八bの引用に続く注釈は、この三概念の連鎖をトランス－ナショナルあるいはユニヴァーサルな（コスモポリタンなとは言わないでおきましょう）歓待という図式によって接合します。

ラビ・ヨセの第二の教えは、その息子ラビ・イシュマエルに受け継がれ、イシュマエルからラビに伝えられ、ラブ・カハナによって布告された。諸国民はメシア的な時代に参加することを望んでいる！　と。［感嘆符はレヴィナスがつけたものです。レヴィナスの感嘆符の用法とその意味に関する研究が必要でしょう。哲学テクストの核心で訴えかけるこの句読法の文法、レトリック、倫理、語用論を研究しなくてはなりません。同様に、しばしば感嘆符の前に置かれる「驚異」という語についても。」ユダヤ教がもたらす人間的なメッセージがもつ究極的な価値の承認、『詩篇』一一七の聖句が証示あるいは要請する承認。諸国民の歴史はすでに、ある面で、イスラエルにおける《永遠者》のあの栄光の賛美、イスラエルの歴史に参加することだったのではないだろうか？　他の人間、余所者に諸国民の国民的連帯が開かれることによって評価されるイスラエルの歴史への参加だったのではないだろうか？　シナイ以前のトーラーの承認？　この難問の検討の全体は、それを引用しない場合でも、『申命記』二三・八の聖句へ送り返される。「エドム人を毛嫌いしてはならない。なぜならそれはお前の兄弟なのだから。エジプト人を毛嫌いしてはならない。なぜならお前はエジプト人の国に滞在したのだから」。兄弟性だ。――しかし兄弟性とは何を意味するのだろうか？　聖書に従えば、それは人間性《ユマニテ》〔人類〕と同義ではないだろうか？――そして歓待。この二つのものは、他者をその他性において否定する人間の嫌悪よりも強力ではないだろうか？　それらはすでに「神の言葉《パロール》〔約束、福音〕」の思い出を呼び起こすのではないだろうか？(12)

最後の語句「すでに「神の言葉」の思い出」が明らかに示唆していると思われるのは、

記憶以前の思い出のことです。まさに場をもつ以前に場をもったことになる、ある言葉の記憶です。過去よりも古く過ぎ去った出来事、現在《プレザン》〔現前するもの〕の経験的な継起に整頓されたどんな記憶よりも古い出来事、そんな出来事の記憶です。その記憶はシナイよりも古い記憶です。もっとも、このアレゴリー的な錯時性《アナクロニー》によって、シナイという名それ自体が、自分自身の身体《コール》を通して異物《コール・エトランジェ》を、さらには余所者《エトランジェ》の身体《コール》を意味するようになるのであれば話は別です。そうなれば、自身の身体は、まさしく余所者の経験を指すことになるでしょう。メシア世界の真理は、特定の限定された時と場所をはみ出すのはもちろんのこと、また同一性をも、とりわけトーラー（啓示されたトーラー）の保持者や使者という国民的な同一性をも超過するのです。

注釈の続きが思考させるように思われるのは、このことです。

タルムードは、メシア世界に諸国民が連帯して参加することが可能かどうかを判断するのに、すべての国民を列挙する手段に訴えようとはしない（聖書に登場する国民を挙げないことさえある）。言及される三つの国民あるいは国家あるいは《社会》——すなわちエジプト、クシュ〔エチオピア〕、ローマ——は、非人間的なものか

人間的なものかが純粋な歴史の実存形式を通して透けて見える、国民的な生の予型論を表している。

非人間的なものか人間的なものかという、この恐ろしい二者択一（この二者択一はすでに顔と平和を、つまり歓待を前提とします）を明らかにするに際して、レヴィナスは、トーラーの歴史的な使者を自称したり、特権的な、さらには唯一の解釈者を自称することを非難します。

真理へのアレルギーか、あるいはトーラーの保持者や使者という資格を主張することなく真理に適性をもつか。

この命題（「トーラーの保持者や使者という資格を主張することなく」）の「なし」は、分析（解きほぐし）[10]の大いなる潜在力を一手に握っています。まさしくこの分析は法を、そのメッセージの出来事の外へ、シナイと名づけられたその啓示の〈いまここ〉の外へと解き放ち、その封印を解きます。そして、この「なし」の解き放ちは、まさしく先ほど呼び出した経験、すなわちシナイ以前のトーラーの経験、「シナイ以前のトーラーの承認」の経験に属しているように思われます。とはいえ、「シナイ以前のトーラーの承認」は、選びなき承認ではありません（レヴィナスの倫理的な応答責任の分析のなかで、選びのモチーフはいたるところで作動しています）。少なくとも、そこで言われる選びとは、その選びの指定がなにがしかの瞬間のなにがしかの場所に押しとどめられるがままにならないような、したがって、もしかすると（これはその定義からして確信がありえない事柄です）、なにがしかの民族や国民にも押し込められるがままにならないような、そんな選びなのです。この選びが、選びに対してつねに異議を申し立てるように思われるもの——すなわち身代わり——から切り離しえないということ、このことを忘れないようにしましょう。

身代わりは拒絶できない必然性、抗いがたい力ですが、しかしある種の弱さによって傷つくことのできる[11]力です。この身代わりについての思考は、ほとんど思考不可能な、ほとんど言語に絶するといってよい論理へと、私たちを連れて行きます。すなわち、不可能事としての可能事の論理へ。唯一性を唯一性として経験することそのものにはらまれた、唯一的なものの反復可能性と代替可能性の論理へ[13]。

慎ましやかですが透徹したいくつかの言及を通して、レヴィナスは私たちの目を、イスラエルばかりでなくヨーロッパやフランス、アフリカ、アメリカ、アジアで今日起こっていること、少なくとも第一次世界大戦以降――ハンナ・アーレントが「国民国家の退潮」と呼んだ事態以降――起こっていることへ向けさせました。ナチズム時代のヨーロッパの中心から旧ユーゴスラビアまで、中東からルワンダまで、ザイールからカリフォルニアまで、サン＝ベルナール教会からパリの一三区まで、あらゆる種類の難民たち、移民たち（市民権の有無は問いません）、亡命や強制移住させられた人々（身分証明書の有無も問いません）、カンボジア人、アルメニア人、パレスチナ人、アルジェリア人、その他もろもろの人々が、社会および地球規模の政治空間に対して、ある変容を――すなわち、法的‐政治的な変容であると同時に、なによりもまず倫理的な転換を（こうした区別がなおも妥当性を維持できればですが）――要請しているいたるところへ、私たちの目を向けさせたのです。

　エマニュエル・レヴィナスはこうした苦難と訴えについて語っていますし、ずいぶん以前からも語っていました。今日私たちがレヴィナスを読むことができるのも、すなわち彼の声の残響がその意味作用を私たちにまで及ぼすことができるのも、痕跡の奇跡のおかげです。これこそ、いまも起こり続けていることです。この奇跡は、現代の客人たちや人質たちが被っている、歓待に対するもろもろの犯罪のために、ますます阻害されていると言えるかもしれません。日々、強制収容所から抑留キャンプへ、国境から国境へ、私たちの身近な場所あるいは離れた場所で、投獄されたり追放されたりしている人々が存在するのです。（そう、「歓待罪」と区別するために、歓待に対する犯罪と言うべきです。この「歓待罪」なるものが、今日この名で、フランスの法律によって再び施行されています。その発想は一九三八年と一九四五年の政令および行政命令と同じであり、不法身分の外国人を宿泊させた者は誰でも処罰の対象となる――禁固刑までも科されます――というものです。）

　レヴィナスは、宿、避難所、安らぎの地を与えることについて、次のように私たちに語ります。「神はエジプトがイスラエルに差し出した避難所のことを思い出させ、メシアにその贈り物を受け入れさせる。それは隷属の地となる避難所であるが、なによりも余所者《エトランジェ》に差し出された場所である。それはすでにイスラエルの神への賛歌なのだ！」(1)このとき差し出された歓待は、おのずとメシア的な次元への所属のしるしとなるでしょう。レヴィナスは、〈記憶にないほど古いもの〉の記憶を呼び戻していましたが、同じく法に対するある種の忘却を通りすがりに告発しています。これもまた迎え入れの契機ですが、ここでの迎え入れは、神的な決定を指す言葉です。

エジプトの表敬《オマージュ》を迎え入れる《永遠者》の決定「《永遠者》は、歓待の古典的な場面では、敬意を表す客人《オート》(guest)を迎え入れる主人《オート》(host)です」。この決定は聖書の『申命記』二三・八からも予見されるが、この聖句はメシア自身によって、彼の正義にもかかわらず、忘却されてしまったにちがいない。他人を同胞のなかに受け入れることができたとき、人はメシア的な次元に所属する。ある人民が我が家に住みに来た者たちを、その者たちの習慣や身なり、言葉や臭いの異質さにもかかわらず、受け入れること、彼らにアクサンニア、すなわち宿と一息つき生存するための糧を与えること――これはイスラエルの神の栄光への賛歌である。[2]

ある人民が、人民であるかぎりで、「我が家に住みに来た者たちを、その者たちの[……]異質さにもかかわらず、受け入れること」、これこそ、人民的《ポピュレール》かつ公共的《ピュブリク》な契約《アンガージュマン》の保証《ガージュ》〔質草〕であり、政治における公共的な事柄《レス・プブリカ》[1]です。それは「寛容」には縮減されません（寛容が尺度なき「愛」の肯定をおのずと要求するのであれば話は別ですが）。この歓待の義務はイスラエルと諸国民との関係をめぐる「ユダヤ思想」にとって本質的であるばかりではない、とレヴィナスは即座に言います。それは人類全体の人間性への道を切り開きます。単独的な応答責任の割り当てと人類の普遍性とのあいだにある、選びと範例性という恐るべき論理。少なくとも、この論理が多くの困難と両義性とを横断して、国民国家とその政策の彼方へ（たとえば非政府的な組織として）向かおうと試みるのであれば、それを今日人道的と呼ぶこともできるでしょう。

同じ一節の続きの部分は、今日地上のあらゆる事例によって例証されるかもしれません（例証という言葉は不適切ですが）。というのも、それらの事例において境界線の問いはたしかにイスラエルの問題ではありますが、それは同時に、聖書における意味でも現代国家における意味でもイスラエルと人から呼ばれ、みずからもそう呼ぶものの境界線をはみ出すからです。

他の人間を我が家に保護すること、土地なき者たち、住所不定の者たちの現前を、汲々と——意地悪く——愛された「先祖代々の大地」の上で寛容にも許すこと、これは人間的なものの基準だろうか？　異論の余地はない。(3)

このテクストは八〇年代のものです。その読解のためには、他の多くのテクスト——《国家》と《国民》の問いをめぐってひしめくテクスト（先ほど言及した、サダトの「「超歴史的な」」「偉大さと重要さ」に敬意を表するテクストを筆頭として）——によって、このテクストを取り囲む必要があるでしょう。また、『全体性と無限』や『存在するとは別の仕方で、あるいは本質の彼方』が含む間接的な諸前提へ立ち返る必要もあるでしょう。少なくともその予兆となるものを、いくつかの言葉で指摘しておきましょう。一九八二年の『聖句の彼方』の終わりに収録された「タルムードの読解と講演」（一九七一年の「シオニズム」や「カエサルの国家とダヴィデの国家」、それから一九七九年の「政治は後で！」など、複数のタイトルで収録されています）には、矛盾した、アポリア的で弁証法的（超越論的弁証法という意味の）でさえある形式（「形式」です）をわざと与えられた命題が多数見られます。それらの命題は内‐政治的であると同時に超‐政治的でもあり、「国家原理」に対する賛否の両面をもっています。それらは『全体性と無限』が「国家の専制」とすでに呼んでいたものに反対しています（少なくともローゼンツヴァイク流の反ヘーゲル的な動きに即して）。すなわち、「国家の純粋本質を分有するにもかかわらず、際立った腐敗の場、おそらく偶像崇拝の究極の逃げ場でもある」[4]カエサルの国家に反対します。このようにレヴィナスの命題は国家に反対しますが、けれどもそこでは、「国家の彼方」ないし「国家の超克」と呼ばれるものによって、メシア国家へと「ダヴィデの国家を完成させる」道が、「到来する世界」[5]へと国家を超克する道が開かれるのです。ある国家（カエサルのそれ）の超克、他の国家（ダヴィデのそれ）の完成。どちらもユートピア的だと、時期尚早だと思われるかもしれません（そのことはレヴィナスも認めています）。しかしながら、それらは政治的なものがその将来へと（そうした将来があればですが）開かれること自体の予告なのです。（国家という言葉が現れるや、それは「政治《ポリティク》」――これはポリスというギリシア語のまずまず厳密な翻訳です――を語ることだという決まりがあるのだとすれば、この決まりが「ダヴィデの国家」という表現においても通用するかどうか、あるいはカエサルの国家とダヴィデの国家の二者択一は〈政治〉と〈政治的なものの彼方〉とのあいだの二者択一であるのかどうか、または二つの政治のあいだの二者択一であるのかどうか、要するに、他のいくつかの二者択一と同列の一介の二者択一であるのかどうか、こうしたことを自問しなければならないでしょう。というのも、カエサルのそれでもダヴィデのそれでも、ローマでもイスラエルでもアテナイでもない国家という仮説は、排除されないかもしれないからです。この挿入を終えて括弧を閉じようと思いますが、次の事実は強調しておかねばならないでしょう。レヴィナスが「メシア的な政治」とあえて言うのは、西洋のポリス的政治学を支配する伝統――言ってみれば、ギリシア的ないしポスト・ヘレニア的な伝統――のなかで理解された政治との対立軸においてであるということです。彼が「政治の彼方」と言う場合の「政治」とは、つねに非メシア国家の政治という意味であり、それはメシア政治――それもやはり一つの政治にはかかわりありませんが――によって、その彼方へと踏み越えられるべきものなのです。そのとき、これらのすべての言葉の境界線、意味の同一性は間違いなく動揺し始めます。それがこのエクリチュールの最も異論の余地のない効果、この思考の推進力そのものです。「《メシア都市》は政治の彼方にあるのではない」とレヴィナスは言い、こうもつけ加えます。「端的な《都市》は決して宗教的なものの手前にあるのではない[6]」。）

こうした土台に立って、レヴィナスは、一つならぬ理由から大胆と思われる、ある仮説を提示します。レヴィナスは、一方では、《地上の都市》と《神の都市〔神の国〕》との区別、政治的な秩序と精神的な〔霊的な〕秩序との区別は、前キリスト教的ないしポスト・キリスト教的なユダヤ教では、キリスト教に見られるような「截然とした性格」をもたない、と言います。そして他方では、キリスト教によるこの区別が生み出す「政治への無関心主義」とレヴィナスがためらわずに呼ぶものこそが、逆説的にも、キリスト教を「かくも頻繁に国家宗教[7]」にしたのだ、とも言うのです。政治への無関心主義は、権力のための権力への嗜好を、権力ならばどんなものでもどんなことをしても手に入れるという嗜好を呼び招きます。政治への無関心主義があるからこそ、教会が国家を支配できるとき、教会による歯止めのない権威主義と独断主義にやましさのない良心が与えられるのです。これは魅力的な、おそらく奥深く、豊饒でさえあるテーゼないし仮説《イポテーズ》です。けれどもこのテーゼは、政治への無関心主義と国家宗教との結びつきを信じすぎているだけでなく、とりわけキリスト教の空間の外部、つまりイスラムの地（レヴィナスはこれについては語りません）やイスラエルの地に国家宗教は存在しないとする想定についても、こう言ってよければ、いくらか信用を置きすぎており、性急に確信をもちすぎています。イスラエルでは「国家宗教」という表現の取り扱いは微妙です。少なくともかなり玉虫色であって、イスラエルにおける国家宗教の存在を額面どおりに肯定することも否定することも容易ではありません（レヴィナスはあちらこちらでその存在を否定したがっていますが[8]）。

　政治的なものについてのレヴィナスの言表に見られる、熟慮の上でのアポリア的な、パラドクス的な、決定不可能なかたちは、さらに後年、一九八八年一二月五日の《講話》（これは今年〔一九九六年〕、エマニュエル・レヴィナスの死後、『タルムード新講話』に収められました）に付されたタイトルのなかに見出されます。そのタイトルでは、政治的なものがトポロジーの単一性に挑んでいるように見えます。そのタイトルとは、「国家の内なる国家の彼方」というものです。〈内なる－彼方〉――内在における超越、政治的なものの彼方でありながら政治的なものの内部。みずからが担《ポルト》う超越へと開けた内包、自己を取り囲む壁ないし城壁の彼方へと運《ポルト》び開く門《ポルト》の内蔵。それは概念の安定性だけでなく、場の同一性をも内破させかねません。この講話で内包的超越として指名されるのは、「メシア政治」の空間、すなわち、「トーラーから発してしか、その正義から発してしか、その裁判官たちと師である知者たちから発してしか人間に到来しえないような、受け入れ可能な政治秩序」[9]の空間です。

直前の箇所では、ある聖句の最初の六つの単語を抜き出すミドラシュ読解に時間がかけられています。その六つの単語とは、「これがトーラーである。すなわち死ぬ人間〔*Voici la Thora: l'homme qui meurt*〕」です[10](「答えなし」の契機である死について、さらにトーラー、ア‐デュー、「答えなし」について、要するに、みずからの歓待によって死者を死から保護するようなトーラーについて、再び語らなくてはならないでしょう)。また、改善可能性に開かれた唯一の国家である「民主制国家」が、「政治権力の専制という法則からの」唯一の「例外」[11]として定義されたところでもあります。その途上で、到着するものが、そう、到着するものと到着する誰かとが、問題になっています。それはアレクサンドロスが女性たちの(女性たちだけの)都に到着したときのことであり、女性たちは彼女たちの問いかけによってアレクサンドロスの武装を解いたのでした。アレクサンドロスは最終的にこう結論します(これは、家の内と外で女性たちの声を考慮しようとする政治に関心がある人々にとって、深く考えるべき教えです）。

私マケドニアのアレクサンドロスは、アフリカのこの女性たちの国にやって来るまでは、そして彼女たちの忠告を受けるまでは、道化であった。[12]

『聖句の彼方』のなかで、「カエサルの国家とダヴィデの国家」や「一神教政治のために」の節は「国家の彼方」というタイトルの後に置かれており、またこの「国家の彼方」も「国家にウィ」というタイトルの後に置かれています。ところで、疑問符や条件法を積み重ね、エポケー的と言えるかもしれない文言を積み重ねる言説様態を、可能なかぎり厳密に解釈し真剣に受け取るのにやりすぎということはありません。そうした慎重さはレトリック上の、さらには政治上の用心というよりも、来たるべく〔à venir〕とどまるもの——まったく知りえない将来〔avenir〕——を尊重し、敬意を表するやり方なのです。来たるものが知ないし予‐知の秩序に属することは絶対にないでしょう。

たとえば、「一神教政治のために」の結論では、このエポケー的な留保は、私が強調する単語（「誓約」や「しかし」）のなかに刻み込まれています。

……イスラエルには、みずからの一神教のメッセージを成就させる政治を考えることができなくなっていた。いまや誓約はなされた。一九四八年から。しかし、すべては始まったばかりだ。

たしかに日付が存在します。「一九四八年から」と。それが思い出させるのはある出来事です。すなわち、事実上も権利上も存在するとおりのものでたんにあるのではないことを、つまり他と同じ国家ではないことを、みずから誓約するような国家の創設です。ところで、イスラエルの現代国家の創設、法的な事実(イスラエル国家の建設は、さまざまな国家からなる国際共同体の多数派によって法律上是認されました)に賛成も反対もすることなく、レヴィナスはそこに「誓約」だけを見ます。計り知れない誓約、しかし、たんなる一つの誓約です。そしてレヴィナスが言うように、この政治的な歴史は「始まったばかり」ですから、誓約を裏切ることはつねに可能なままです。他と同じような国家となりうるもの、また時には、ある面では、他の多くの国家よりも、いくつかの国家よりも悪い(と、ある人々から言われる)国家となりうるものが、誓約違反を犯す可能性はつねに残ります。条件法の慎重な警戒によって、すべては宙吊りのままであり、あらゆる言表は（いまからわれわれが耳にするように）監督されています。誓約は「彼方」へと（「彼方」とはレヴィナスの言葉です）みずからを運んでいかなくてはならないでしょう。政治的なものの彼方へ。国民的なものや家族的なものの区画内に限定された、狭く厳格な意味での「政治」問題や「政治的」解決の彼方へ。

いまや誓約はなされた。一九四八年から。しかし、すべては始まったばかりだ。みずからの前代未聞の任務を完遂するにあたって、イスラエルは、この任務を最初に担った四〇〇〇年前のアブラハムと同じくらい孤立している［イスラエルの孤立に関するこの挿入には議論の余地があり、私の見るところ疑わしいですが、しかしここで私が問いたい論証構造にとって厳密に言って本質的でも必然的でもないので、私としてはこの問題を棚上げにしておきます］。しかしだからこそ、祖先たちの地への回帰は、国民や家族の個別の問題解決を越えて、内面の歴史における、そして端的な《歴史》における最大の出来事の一つをしるしつづけることだろう。(13)〔2〕

これは「カエサルの国家とダヴィデの国家」のテクストの最後の言葉です。語られているのはたしかに無条件な誓約ですが、その誓約の将来についての解釈は、政治的な出来事の記述として条件法で（条件付きのものとして）[3]記されるにとどまるのです。（この問題には後でまた立ち返りましょう。また、今しがた私がはさんだ挿入にも結論部で立ち返ることにしましょう。この挿入によって、私のほうもある挿入を、ここで私たちが辿るために特権化した論証構造から遊離させ、浮かび上がらせたのでした。）

V

「政治は後で！」――このタイトルのもとで、シオニズムについてのこれまた慎重な解釈が二つの大きな段階を区別しようと努めています（その是非はともかくとして）。しかし、それは段階の問題でしょうか？　歴史の順序の問題でしょうか？　それどころか、別々の二つの世界があるのでしょうか？　競合する和解不可能な二つの形象でしょうか？　同時代を我が物にしようと永久に争う、二つのシオニズムがあるのでしょうか？

レヴィナスは明らかに通時性に特権を与えています。まず最初に、現実主義的なシオニズムがあります。すなわち、もう一方のシオニズムよりももっと政治的なシオニズム、「預言の理念に不適格」かもしれないシオニズムがあります。この政治的シオニズムはもう一つのシオニズムと比べて、凡庸なナショナリズムに傾きがちです。この傾向から、ヒトラー登場以前のヨーロッパで、そしてことによっては今日でも、「普遍主義的な究極目標」①を掲げる特定のユダヤ人たちが暗に語っている主張が説明されます。第二のシオニズムは、むしろ聖なる歴史の終末論的なヴィジョンへみずからを開き、あるいはまさにそのことによって、政治を越えて政治的な、歴史の終末論的なヴィジョンへ、レヴィナスが「政治的発明」②と呼ぶものへ、みずからを開くとされます。

目に見えるイスラエル国家の政治の現状に関する彼の分析に賛成しようとしまいと(正直に言えば、私はレヴィナスの分析に必ずしも賛成できません)、彼の分析にはある疑いようのない配慮が認められます。すなわち、シオニストの誓約、約束、誓われた信(シオニストの事実ではありません)は、政治的なものを政治的なものの彼方へ運ぶ運動であり、つまり政治的なものとその他なるものとのあいだでなされる運動であるとする解釈が一方にあり、他方には、純政治的ではない平和についての思考があるのです。

けれども、この二つの区別が通用し、なおも意味をもつと考えるにしても(全面的にそうだと認めるわけではありません)、どちらの場合でも、政治的なものの彼方、純政治的なものの彼方は、なにか非‐政治的なものへ目配せしているわけではありません。政治的なものの彼方は、ある他の政治、メシア政治、カエサルの国家と区別されたダヴィデの国家の政治を告げています。カエサルの国家と区別されるということは、言い換えれば、国家についての古典的かつ覇権主義的な伝統から区別されるということです。政治的なもの、《都市》、国家、戦争、平和などに関するギリシア－ローマ系譜の哲学言説として、すなわち私たちのポリス的政治学として(あらゆる必要な用心をしたうえで)認識されるべきもののなかに、他の政治、メシア政治、ダヴィデの国家の政治が、政治的なものの彼方ということで告げられているのです。もちろん、西洋のポリス的政治学をこうしたものだと決めつけないとしても——このように決めつけることは慎まなくてはなりませんし、とりわけカエサルの国家として、すなわち民主的というよりも帝国的な国家として決めつけることは慎まなくてはなりません——やはりそこにはある支配的な傾向、すなわちダヴィデよりもカエサルに近い傾向、デモクラシー自体が帝国主義的となってしまう傾向が認められます。ところで、「政治」という言葉で理解されるものが何なのかという問い、そして政治概念の境界が今日では分析に抵抗するようになっているのではないかという問いは開かれたままなのですから、以上のような議論はどれも仮説です。ここでこの問いに正面から取り組むことはできません。そうするためには、私たちの関心の的となっているコンテクストのなかで導きの糸ないし試金石が必要となるでしょう。たとえば、歓待との親和性が自明であり、たえずその親和性が主張されなおされねばならない平和の観念がそれです。平和とは政治の事柄でしょうか？　どのような意味でそうなのでしょうか？　いかなる条件で？　レヴィナスの示唆（「示唆」とはレヴィナス自身が使っている言葉です）、すなわち「平和は純政治的な思考をはみ出す概念である」[3]という示唆を、どう読むべきでしょうか？

　つまりレヴィナスは、自信と不安にみちた仕方で、「示唆」（たんなる示唆です）の危険を冒しているのです。レヴィナスは、平和が非政治的な概念であると主張しているのではなく、平和の概念はもしかすると政治的なものを超過するかもしれないと示唆しているのです。

　それは何をほのめかしているのでしょうか？　困難な分有《パルタージュ》ないし分割《パルティシオン》のことです。要するに、このような平和概念は自己自身に安んじていられず、政治的な部分《パール》をもち、政治的なものに与る《パルティシパ》ということです（たとえ平和概念の他なる部分《パール》が政治的なものの特定の概念を踏み越えるとしてもです）。平和概念は自己自身を超過し、自己をはみ出します。それは、概念が自己中断ないし自己脱構築を起こし、かくして概念自身の内外に、ある種の飛び地が形成される、ということです。またもや「内なる彼方」です。倫理的な超越、あるいはメシア的な超越の、政治的な内在化です。（さらに通りすがりに書き留めておけば、この自己中断――先ほどから私たちはそのいくつかの例を追跡しているのですが――が生み出されるそのつど、すなわち自己超過や自己超越にも等しいこの自己の限界画定が生み出されるそのつど、つまりこのトポロジー上の飛び地が概念を触発するそのつど、脱構築のプロセスが進行中なのです。この脱構築プロセスはもはや目的論のプロセスでもなければ、歴史の流れのなかのたんなる出来事でもありません。）実際レヴィナスは、「示唆」という言葉では怠りのない用心を促すのにまだ十分でないと言わんばかりに、さらに付言しています。ある部分で「平和は、はみ出す概念である」が、それは政治的なものをはみ出すのではなく、「純政治的な思考」をはみ出すのだ、と。この強調がすべてを担っています。つまり純粋という点を強調する必要があるのです。

ある「概念」、つまり平和とは、以上のようなものです。平和を思考することは、純粋に政治的にとどまろうとする思考をはみ出します。この場合、「純政治的な思考」では平和概念に適さないでしょう。平和概念を思考するためには、政治的なものの領域を離れるのではなく、レヴィナスが「純政治的な」と呼ぶものの領域を離れなければなりません。政治的なものが何であるかを知るには、「純政治的な」ものが何であるかを知るのがよいでしょう。「純政治的なもの」とはフィクションです。レヴィナスによれば、それがいつか具体化する可能性、現実の身体を得る可能性は、そもそも〔d'ailleurs〕——他のところには〔ailleurs〕——ありません。すでに私たちが耳にしたように、「端的な《都市》は決して宗教的なものの手前にはない」のですから。そもそもレヴィナスが純政治的ではない平和を語るのは、政治的なものを発明すること、「政治の発明」、もっと正確に言えば、「その地［イスラエル国家の地］に政治の発明の具体的な条件を創造すること」[4]が問われるコンテクストにおいてなのです。

イスラエルにおけるこうした政治の発明は、はたして到来したでしょうか？　イスラエルに到来したでしょうか？　ここでこんな問いを出したり、とりわけそれに答えを出したりするのは場違いかもしれません。必要なすべての分析をおこなうためには、そもそも時間が（さらに時間以上のものが）私たちには欠けています。けれども、レヴィナスのこうした言葉を前にして、そしてこうした言葉に息吹を与えている精神のなかで、この問い質しの苦悩を押し黙らせる権利が誰にあるでしょうか？　そのような沈黙は私たちに指定された応答責任にふさわしいと言えるでしょうか？　なによりもまずエマニュエル・レヴィナスを前にした応答責任に？　私はイスラエルにおける「政治の発明」を期待する人々の仲間です。希望のなかで、しかし今日かつてないほどの絶望のなかで、その「政治の発明」を呼び求める人々に属します。最近のいくつかの出来事は（最近の出来事だけにとどめますが）、私の絶望を和らげることはありませんが（たとえば、しかしこれはほんの昨今の事例にすぎませんが、「入植」の再開、拷問を許可する最高法院の決定、さらに一般的に言えば、あいもかかわらず「和平プロセス」と呼ばれているもの――ものは言い様です――を宙吊りにし、脱線させ、中断させる、あらゆる自主政策《イニシアティヴ》などです）。

いずれにせよ、レヴィナスの示唆が根本的に謎めいたものにとどまるとしても、その示唆は、純政治的（伝統的な意味で政治的）でも、たんに非政治的でも、ない平和へ合図を送っています。その示唆が属するコンテクストは、倫理の再肯定によって――すなわち人質の主体性としての主人の主体性（人質主体＝主人主体）によって――政治的なものがその彼方へあるいは「すでに非‐政治的な」ものの方へ移行《パサージュ》する、そうした事態が切り開かれるコンテクストです。「すでに」と「いまだ……ない」のこの境界線はどこにあるのでしょうか？　政治と非‐政治的なものとの境界線は？　実際、数頁前のところには、次のように書かれています。

自己肯定とは、そもそもの初めから、万人への応答責任である。政治にしてすでに非-政治。《叙事詩》にして《受難》。荒ぶるエネルギーにして極端な傷つきやすさ。シオニズムは、最初は現実主義的な政治表明であるが、最終的には、実質的なユダヤ主義に見合うようになり、《精神》の大望として啓示される⑤。

「にしてすでに非-政治」という表現のなかの「すでに」とは何を言わんとするのでしょうか？　この「にしてすでに非-」は、自身がなおもそれであるところのもの、すなわち「政治」を、どのようにして侵蝕することができるのでしょうか？　それとも、この「にしてすでに非-」は、自身がすでにもうそれではないところのもの、しかしなおも自身を侵蝕するもの（すなわち「政治」）によって、つねに侵蝕されるがままになるのでしょうか？　その「概念が純政治的な思考をはみ出す」ような平和に訴えるとき、「政治」とは何を言わんとするのでしょうか？

さて、以上の言葉は、一九七九年に『レ・タン・モデルヌ』誌に掲載され、一九八二年に『聖句の彼方』に収録された「政治は後で！」というテクストのものです。感嘆符を従えた「政治は後で！」というタイトルは一見明快です。すなわち、政治は後で、二次的に到来するように！　ということです。初源的あるいは最終的な厳命、究極の緊急要請は、なによりもまず政治的ではない、純政治的ではない、ということになるでしょう。政治ないし政治的なものは、つき従うもの、「後で」やって来るものでなければならず、政治の次元《オルドル》を超越する厳命の下に置かれ《シュ・ボルドネ》なくてはなりません（論理的帰結《コンセカンス》としてであれ時間的順序《セカンス》としてであれ）。政治の次元に属する事柄は後で見ればよいのであり、後で到来するのであり、政治は経理のように後につき従えばよい、というわけです。[1]

「政治は後で！」

私たちはサダトのイェルサレムへの旅の航跡を辿っています。それはほとんどメシア的と言ってよい大胆な企てであり、「一生に二度はない、同時代を超えた、異例の――超歴史的な――出来事［……］」。可能になるまったき不可能事(6)として称えられています。

今日では事態を転調させたり転倒させたりしたくもなるかもしれません。ここでの「可能になるまったき不可能事」という表現は、「身代わり」の文章が絶対的な受動性について語っていた際の、あの「不可能事の可能性」と響き合いますが、それは偶然のこだまではありません。この絶対的な受動性は、死の受動性（不可能事の可能性というハイデガー的な意味におけるそれ）のことではなく、人質の条件、「私は人質である」の条件、第三者としての隣人への義務を私に課す「無限な応答責任」の条件における受動性のことです。「存在における死の可能性、すなわち不可能性の可能性ばかりでなく、この可能性に先立つ不可能性、逃れることの不可能性……であるような受動性」。要するに、死以前の、死を前にした、死者たちを前にした、死を超えた、私たちの応答責任のことです。いまや不可能事が可能となったのです。それはサダトのイェルサレム来訪以来のことです。実際サダトは次のことを理解していたのではないでしょうか？

……イスラエルとの友愛によって——あるいはたんにイスラエルを承認すること、たんにイスラエルに話しかけることだけによっても——開かれる数々のチャンス。そしてシオニストによる歴史的な権利の援用と政治的な首枷による歪曲の背後に隠されてしまう、預言の約束にまつわるすべてのこと。あらゆる不正義——償いうるもの。

そしてレヴィナスは続けます。

可能になるまったき不可能事。これは、中近東におけるサダトの敵たち、あるいは私たちの尊大な西洋の友人たちのなかで、あまり気高くない精神の持ち主たちが政治的な打算に没入しているがためにまったく見抜けなかったことである。「他と同じふつうの国家」とか、その他の多くの雄弁。どうぞご自由に！　現実政治《レアルポリティク》を模範とし、ためらいを蔑視する横柄な手法への依拠、そしてユートピアの夢に呑み込まれた軽率な観念論が弄する腹立たしいレトリック（この手の観念論は、現実に接して霧散するか、預言者の言説を反復する、危険で破廉恥で安直な譫妄に転化する）――この二つの選択肢しかないのだろうか？　祖国なき人々の避難所を確保する配慮、そしてときに驚くべきものであり、ときに不確かなものでもあるイスラエル国家の成立――しかし、こうした配慮と成立とを越えて、その地に政治の発明の具体的な条件を創造することがなによりも肝心だったのではないか？　それこそがシオニズムの究極目標であり、だからこそ、おそらくは人類史上最も偉大な出来事の一つなのである。ユダヤ民族は、犠牲者としての役回りに由来する政治的な無辜のゆえに、二〇〇〇年のあいだ、人類史の客体でしかなかった。政治的な無辜のみではユダヤ民族の使命にとって十分ではない。一九四八年以来、ユダヤ民族は数々の敵に囲まれ、つねに審問のうちに置かれている［この「審問のうちにあること」が人質の主体性ないし人質の自己性の定義であることが思い出されます。すなわち、責め立て、強迫、攻囲性、つまり万人への応答責任です］。しかしまたユダヤ民族は、預言の道徳とその平和の理念が具現化〔受肉化〕されるべき国家を思考するために――それを作り出しては作りなおすために――現実のなかで責務《アンガジェ》を担うことになったのだ。平和の理念がすでに伝えられ、いわばその飛翔がすばやく捉えられたということ、これこそ驚異のなかの驚異である。すでに述べたように、中近東の平和が可能でなければならないのであれば、サダトの旅はこの平和への比類なき道を切り開いた。この平和への道が抱える「政治的な」脆弱さは、おそらくは、その大胆果敢さの、つまりその強さの表現であろう。そして、あらゆる場所で、万人のために、この道が平和の理念そのものにもたらすもの、それはもしかすると、平和は純政治的な思考をはみ出す概念であるという示唆なのかもしれない[7]。

平和とは何でしょうか？　私たちは「平和」を口にするとき、何を言っているのでしょうか？　「……と平和な関係にある」とは何を言わんとしているのでしょうか？　他の誰か、他の集団、他の国家、他の国民、そして一個の他者としての自己自身、それらのものと平和な関係にあるとはどういうことでしょうか？　いずれの場合であれ、平和のうちにあることは、なんらかの他者とともにしか可能ではありません。他であるかぎりでのなんらかの他者が、顔の顕現のうちで、すなわち顔の退隠または訪れのうちで、なんらかの仕方で「迎え入れられた」ことにならなくては、平和を語ることに意味はありません。同じもの〔同者〕とともにでは、平和のうちにあることになりません。

この公理は貧しく抽象的に見えますが、これを首尾一貫した仕方で思考するのは容易ではありません。「平和」というこのささやかな言葉の意味の核（そんな核があるとして、意味の統一性があるとしてですが）はいったいどのようなものでしょうか？　そのような意味の核はあるのでしょうか？　他の言い方をすれば、平和の概念はあるのでしょうか？　しかも一つであるような、その同一性が破壊不可能であるような概念が？　それとも、どんな概念との関係でも同じかもしれませんが、平和概念との他の関係を発明しなくてはならないのでしょうか？　平和概念の自己超越における非弁証法的な飛び地との、その「内なる彼方」との他の関係を。

レヴィナスの思考全体は、ある種の教え（レヴィナスがすでにこの語に与えている、しかも教師然《マジストラル》として授けている、大いなる高さ《マジストラル》という意味での教え）です。すなわち「迎え入れること」あるいは「受け取ること」が言わんとすべき事柄についての教えです。またレヴィナスの思考はそうした教えであろうと望み、そうした教えとして自己を提示してもいます。私たちはそうした「迎え入れること」あるいは「受け取ること」についてて語るとき、それが何を言わんとするのかを自問しなくてはなりませんでした。同じように「平和」という言葉についても、それが戦争と対立するあるいはしないことで、何を言わんとすることができるのか、そして言わんとすべきなのか、これを自問すべきでしょう。

戦争つまり敵対性に対立するあるいはしないなどと、なぜこんな言い方をするのかと言えば、この対立が自明なものではないからです。戦争や敵対行為、敵対性、言い換えれば、宣言された敵対性などは、ふつう歓待の反対物と考えられています。ところで、宣言された敵対性と戦争とが同じものであり、しかも平和の反対物だとすれば、平和と迎え入れの歓待もセットだと言わなければならないでしょう。さらに平和と歓待は切り離すことのできないペアになっており、平和が歓待の尺度で測られ、また逆も真であるような相関関係をなしていると言わなければならないでしょう。

ところで、もしかすると私たちがその秩序を問題視し、壊乱し、不安定にし、疑わなくてはならないのは、こうした対概念のすべて、同義的で共-包含的だと想定された、対称的に対立させうると想定された対概念のすべてかもしれないのです。「戦争」「敵対性」「衝突」が同じ事態であるということは確実でないかもしれません（たとえばカントは戦争と衝突とを区別しています）。また歓待と平和が同義であるかどうかも確実ではありません。相手国の市民にいかなる歓待も提供せず、あるいは少なくとも厳格な条件によって制限された歓待しか提供しないような、そんな二つの国家間のある種の政治的な平和というものも想像できます。それが最もふつうのあり方でもあるでしょう。戦争と平和は互いに対立し合う対称的な対概念だと、あまりにもふつうに信じられています。ですが、この二つの概念のどちらか一方に根源的な価値や立場が与えられているというそのことだけでも、この対称性が破れるには十分です。

たとえばカントとともに、自然においてはすべては戦争から始まると考えると、そのとき少なくとも二つの帰結が生じるでしょう。一、平和は、自然な、対称的な、たんに戦争と対立させうる現象ではありません。平和は別次元の現象であり、自然な本性ではなく制度的な本性(つまり政治的‐法的な本性)をもちます。二、平和はたんなる敵対行為の停止、戦争をおこなうことの自粛つまり休戦ではありません。平和は、永久平和として、永遠の平和の約束として創設されなければなりません。その場合の永遠とは、ユートピアでも空疎な言葉でも、さらには平和概念につけ足すことのできる外的ないし補足的な述語でさえありません。平和概念はそれ自体のうちに、分析的に、それ自身の必然性のうちに、平和が永遠のものだということを含んでいます。平和概念そのものにおいて、つまり歓待概念において(少なくともこの概念を考えることができるというのであれば)、永遠性の思考は破壊不可能です。カントの論証はよく知られています。すなわち、もし平和を取り結ぶに際して、敵対行為を再開しよう、戦争を再び起こそう、休戦に同意するだけにしておこうという底意を隠しもっているならば、また好むと好まざるとにかかわらず別の戦争があるかもしれない、それもやむなしと考えるだけでも、それは平和ではない、というものです。そうすると、平和など絶対にありえないのではないかと言いたくもなりますが、でももし平和があるとすれば、その平和は永遠でなければならず、創設された平和、法的‐政治的な平和として、自然ではないのでなければならないのです。

そんな平和は事実上存在しないし、これからも存在することはないだろうという結論を、ここから引き出す人もいるかもしれません。純政治的な平和というものは、それ自身の概念に適った条件で生じない可能性をつねにはらみます。となると、この永遠平和は、それがどれほど純政治的であったとしても、政治的ではありません。さらに言えば、政治的なものはみずからの概念に絶対に適合しないものです。それゆえ、このようなカントは——さまざまな違いに注意を払う必要はありますが——「政治は後で！」のレヴィナスに近いでしょう。レヴィナスはこの論文のなかで政治的なものの概念を確認し、政治的なものの概念がそれ自体に不適合であること、それ自体の無限な理念に不適合であることを確認しています。さらに、「永遠平和のための第三確定条項」でカントが政治的なものの概念から引き出さざるをえなかった結論を確認しています。「コスモポリタンの法は、普遍的な歓待の条件に限られるべきである」。実際この寛大な条項には、数多くの条件による制限があります。そこでの普遍的な歓待は、たんに法的で政治的なものです。普遍的な歓待は訪問の権利しか許さず、居留の権利は与えません。普遍的な歓待は国家の市民にしか関与せず、その制度的な性格にもかかわらず自然権に立脚します。すなわち、人間たちが無限に拡散するわけにはいかない地球上の丸く有限な表面の共同所有に立脚します。この自然権の成就、つまり普遍的な歓待の成就は、人類が無限接近することしかできないコスモポリタンな制度へ送り返されるのです。

以上はすべて、他者を無媒介に、[2] 無限に、無条件に迎え入れることを果てしなく宙吊りにし、それに条件を課す理由になるでしょう。けれどもレヴィナスは、まさしくこの同じ理由から、つねに〈今-平和〉[3]（言葉遊びでなくこう言いたいと思います）のほうを好みます。さらにレヴィナスはコスモポリタニズムよりも普遍性のほうを好みます。私の知るかぎり、コスモポリタニズムという言葉を彼が発したことはありませんし、引き受けたこともありません。その理由として、少なくとも二つのことがあると私は想像します。一つには、この政治主義《ポリティスム》が純粋な歓待を、つまりは平和を、果てしなき進歩の最終段階に送り返してしまうからです。それと同時に、もう一つには、ストア哲学やパウロ的なキリスト教から啓蒙主義とカントへと伝えられたコスモポリタニズムの麗しき伝統を、現代の反ユダヤ主義が押しつぶす際に用いた、周知のイデオロギー的なコノテーションのためです[4]。

カントでは、永遠平和、コスモポリタンの法、普遍的歓待といったものの創設は、自然の敵対性（顕在化したものであれ潜在的な脅威であれ、現実的であれ潜在的であれ）の痕跡を保存しています。それに対してレヴィナスでは、戦争そのものでさえ、素顔の平和的な迎え入れの証言となる痕跡を保存しています。カントは『永遠平和のために』の第二章の冒頭で、自然の戦争を宣言しています。

> 隣り合って生きる人間たちの平和状態は、自然状態(status naturalis)[Naturzustand]ではない。自然状態はむしろ戦争状態[Zusatnd des Krieges]である。たとえ敵対行為が勃発していなくても[文字どおりには、たとえ敵意、敵対性の暴発がなくても、wenngleich nicht immer ein Ausbruch der Feindseligkeiten]、敵対行為はたえざる危険[脅威という危険、Bedrohung]をなしている。[8]

カントにとっては、戦争の脅威、たんなる圧力——象徴的であれ外交的であれ経済的であれ——だけでも平和を中断するには十分です(このことは真剣に受けとめられるべきです)。潜在的な敵対性は平和と相容れないままです。これはさらに(とても深いところまで)進み、潜在的などんなアレルギーであれ(たとえそれが無意識や徹底的な禁止によるものであれ)、平和と矛盾する、と言うにまでいたります。ほんのわずかの脅威の兆しでさえ平和と相容れず、なんらかの否定的なものが平和の経験に切迫するのはもちろん、それがたんに内在するだけであっても、平和と相容れないでしょう。こうした理由だけでも、カントが、自然な平和など存在せず、したがって(カントが即座に言葉を継ぐように)平和状態は「制度化され」(創設され、gestiftet)ねばならないと結論するのに十分です。

けれども、平和が政治の熟慮と法の構築によって創設されたものである以上、平和が手を切り、中断し、禁止し、鎮圧したとみなされる自然の暴力性の痕跡は、平和のなかに際限なく不可避的に保存されているのではないでしょうか? カントが言っているわけではありませんが、カントとともに、あるいはカントに逆らって、制度による平和は純粋であると同時に不純でもあると考えられるのではないでしょうか? 永遠なる約束である制度的な平和は、私が他のところで、他の例にもとづいて定式化しようと試みた論理(9)に即して、脅威の痕跡を保存せざるをえません。その脅威《ムナス》の痕跡は、制度による平和を脅かし《ムナス》、その平和のうちで兆す《ムナス》のであり、かくして約束を脅威によって汚染します。この汚染は、とりわけ約束をスピーチアクトとして理論化する者たちが、容認しがたいと、受け入れがたいと、約束の本質に反すると判断する、ある共謀に即して生じます。

カントは続けています。

> したがって、平和状態は創設されねばならない[es muss also *gestiftet* werden]。なぜなら敵対行為を控えることはまだ平和を確実にするものではないし、また平和が隣人同士のあいだで保障される場合を除けば(こうした保障は法の状態において[in einem *gesetzlichen* Zustande]のみ生み出されうる)、各人が、この平和という目的に従うことを説き勧めた相手を敵として扱うこともありうるからである。

すべては戦争(顕在的であれ潜在的であれ)から、自然として、自然のうちで始まるのであれば、戦争と平和とのあいだに、換言すれば、戦争と永遠平和とのあいだに、対称的な対立関係はもはや存在しません。そうすると、戦争の可能性の痕跡を保存する歓待は条件つきのものであり、法的・政治的でしかありえません。国民国家、さらには国民国家同士が形成する共同体は、歓待、避難所、安らぎの地を制限することしかできないのと同様、平和を条件づけることしかできません。そしてカントの第一の、さらには唯一の関心は、制限と条件を規定することなのです。私たちにはわかりすぎるくらいよくわかっています。国民国家の体制がどのようなものであれ（たとえ民主制であれ）、その多数派が何であれ（右翼であれ左翼であれ）、国民国家としてのかぎりでの国民国家は、無条件な歓待に、あるいは留保なき被庇護権に、みずからを開くことは絶対にないだろう、と。無条件な歓待を、国民国家としての国民国家に期待したり要求するのはまったく「現実主義的」でないでしょう。国民国家は「移民の流れを支配する《メトリゼ》〔主として制御する〕こと」をつねに望むでしょう。

ところで、レヴィナスでは反対に、〈すべては平和から始まる〉と言えるのではないでしょうか？　この平和は自然ではありません（というのも偶然ではない理由から、レヴィナスには自然概念もなければ、自然状態への参照もないように私には思われるからです。このことはきわめて重要です。すなわち、自然以前に、アルケーの根源性以前に、そしてアルケーを中断するために、脱‐アルケー〔アー‐ナーキー〕の根源以前的な錯時性《アナクロニー》が存在するのです）。またこの平和は、たんに制度的ないし法的‐政治的であるのでもありません。以上のような事態であるにもかかわらず、すべては歓待のうちで他者の顔が迎え入れられることから、言い換えれば、顔の迎え入れが第三者の彼性において即時的〔無媒介的〕かつ準内在的に中断されることから「始まる」のであり、まさしくアー‐ナーキーで錯時的《アナクロニク》な仕方で「始まる」と思われるのです。

しかし、カントが描く対称性の切断とは反対に見えるレヴィナスによる対称性の切断も、また両義的な帰結をもちます。その対称性の切断は、戦争そのもの、敵対性、さらには殺害さえもが、顔への開けという根源的な迎え入れ——シナイ以前であると同時にシナイ以後でもある迎え入れ——をなおも前提とし、つまりつねに迎え入れの表明である、ということを意味しうるのです。戦争をおこなうことができるのは顔に対してのみであり、殺しが可能なのも、さらには殺しをみずからに禁止できるのも、顔の公現が到来した場合のみなのです(たとえ顔の公現がアレルギーのなかで拒絶され忘却され否認されるとしてもです)。知ってのとおり、殺しのタブー、すなわち「トーラー全体」が集約されているとレヴィナスが語り[10]、「他者の顔の意味」でもある「汝、殺すなかれ」は、レヴィナスにとって倫理の根源です。

カントにとって、平和の創設は、戦争状態である自然状態の痕跡を保存せざるをえませんでした。レヴィナスでは逆に、アレルギー、他者の拒絶、戦争が現れるのは、〔自然状態においてではなく〕顔の公現が刻印された空間においてであり、「主体が主人である」そして「人質」である場合においてです。すなわち、応答責任を有し、外傷を有し、強迫され、責め立てられた志向的主観性が、〈……についての意識〉が、自分そのものであるところの歓待を端緒から差し出す場合においてなのです。レヴィナスが言語作用の本質は善良さであると、さらには「言語作用の本質は友愛であり歓待である」と主張するとき、彼ははっきりと、ある中断——すなわち対称性と弁証法の両方の中断——を標記しようとしているのです。レヴィナスはカントともヘーゲルとも手を切ります。すなわち、武装された平和、休戦としての平和を結局は中断できない（そんなことはないと主張されますが）法的なコスモポリタニズムとも、否定的なものの労苦のプロセスとも手を切ります。否定的なものの労苦のプロセスは一種の「和平プロセス」ですが、それは戦争を良心=意識《コンシアンス》の条件、「客観的道徳性」(Sittlichkeit)の条件、政治の条件としない場合でも、別の手段によってなおも戦争を組織するような「和平プロセス」なのです（これこそ、かのカール・シュミット[11]の弁証法がヘーゲルの功績と認めていたことです）。レヴィナスにとって、平和は否定的なもののプロセスなどでは、すなわち《同》と《他》の弁証法的な条約の結果などではありません。

《他》は、ヘーゲルが望むような《同》の否定ではない。《同》と《他》への存在論的な分裂という根本事態は、《同》が《他》と取り結ぶ非アレルギー的な関係である。

これは『全体性と無限』の最後に書かれている文章です。そこでは、平和が、〈今-平和〉が、あらゆる和平プロセス以前の、その彼方の平和が、あらゆる「〈平和を今〉運動〔peace now movement〕」以前でさえあるような平和が、宣言されています。

このような先-根源的な歓待あるいはプロセスなき平和と、政治、現代国家（現存するものであれ、体制構築中のものであれ）による政治（たとえば——これも一例にすぎませんが——イスラエルとパレスチナの「和平プロセス」に関する進行中の政治）とのあいだを媒介するルールや図式は、どこに見出されるべきでしょうか？　今日さまざまなレトリックや戦略がそうしたルールや図式に依拠すると自己主張していますが、それらの主張はどれもこれもバラバラなだけでなく、明らかに敵対的で相容れない「政治」の名において、そして敵対性の「政治」を目指してなされています。

「住処」という題名の章では、言語が非-暴力、平和、歓待として指名されていましたが、それと同様の命題が『全体性と無限』の最後で再び取り上げられています。レヴィナスはそこで、「言語のなかで生み出される」ものについて、すなわち「いかなる国境線も否定性もない、《他者》との平和的な［強調デリダ］関係の積極的展開」について語っています。数行のなかで二度、「歓待」という言葉が家における収容に、しかしながら迎え入れとしての収容に呼応しています。

《他人》へ開かれた家における収容——すなわち歓待——は、分離と人間的な収容の最初の具体的な事態であり、それは絶対的に超越的な《他人》への《欲望》と合致する[12]。

我が家としての住処の性格は閉鎖を意味するのではなく、《他者》の超越へ向かう《欲望》の場を意味します。その場に刻み込まれた分離は迎え入れの条件であり、他者へ差し出された歓待の条件です。それ自体が分離を前提とするこのラディカルな他性なくして、迎え入れも歓待もないでしょう。社会的な絆はある種の脱結合《デリエゾン》の経験であり、この経験なくしては、いかなる息吹《レスピラシオン》も、いかなる精神的な霊感《アンスピラシオン》も可能ではないでしょう。収容、一緒にあることは、無限の分離を前提とします。したがって、我が家はもはや自然や根などではなく、ある彷徨への応答です。我が家はみずからが停止させる彷徨から生じる現象なのです。

この公理は国民《ナシオン》の空間にも当てはまります。土地や領土はいささかも自然なものではありません。それはいかなる根（神聖な根であれ）ももたず、国民という占有者のための所有財産などではまったくありません。大地はなによりもまず歓待を与えるのであり、最初の占有者はすでに差し出された歓待を与えられ、主人は許可されたかりそめの歓待（たとえ主人がその場の主であり続けるとしても）を与えられるのです。主は「彼の」家に受け入れられるのです。『全体性と無限』のちょうどなかほどで、絶対的に迎え入れる者という本質的な役割を女性の形象が演じる「家」、家庭的な家、「住処」が登場します。ですが、それは選びによる選択が選択し、選別し、むしろ割り振った家であり、付託され指定された家であって、自然な場所などではいささかもありません。

選択された家は［歓待が絶対的に超越的な《他人》への《欲望》として語られた直後に、レヴィナスは言います］根とは正反対のものである。選択された家が指し示すものは、根を可能にした放免《デガジュマン》[5]であり彷徨である。この彷徨は定住と比べてマイナスなのではなく、《他人》との関係がもつ、すなわち形而上学がもつ剰余である。[13]

『全体性と無限』の最後の数頁に見られるのは、歓待の平和と根なし草の彷徨に関する同様の主題系です。ふつうの意味での政治的なものを通過しつつ、同じ論理がまったく他の空間を開きます。国家以前へ、国家の向こう側へ、国家外へ。しかし、このとき、なぜこの同じ論理が同じ「状況」を、もはや迎え入れの女性性のまわりにではなく、父性的な繁殖性のまわりに、レヴィナスが「家庭の驚異」と呼ぶもの（これも別の大いなる問い、さらなる驚異であるでしょう）のまわりに集中させるのでしょう？　この「家庭の驚異」なるものは、「繁殖性の無限な時間」（もちろん生物学的な繁殖性のことではありません）、「エロティシズムの瞬間と父性の無限性[14]」を具体的に表現したものです。

『全体性と無限』の「結論部」は、平和宣言と歓待宣言の予兆《シーニュ》のもとに置かれています（「形而上学すなわち《他者》との関係は、奉仕として、歓待として成就する[15]」）。そこでは、歓待的な迎え入れはもはや「女性的な存在」（「住処」の「格別に歓待的な迎え入れ」「格別の迎え入れる者」「それ自身において迎え入れる者」）へ連れ戻されるのではなく、父性的な繁殖性へ戻されます。父性的な繁殖性は「無限かつ不連続な時間[16]」を開き、また先に私たちが指摘したように、息子と――「唯一の息子」「選ばれし息子」であるかぎりの各々の息子と――本質的な関係をもちます〔排他的にというわけではありませんが〕。女性的な存在が「格別の迎え入れる者」の形象だった場面で、いまや父が無限な主人あるいは無限の主人となるのです。

これはつまり、ここで性的差異の一方の側にのみ、すなわち父性の法のもとにのみ書き込まれるものを――つまり「主観性による自己中心的な抗議」ではなく、「繁殖性の無限な時間」を――国家と対立させるということです。レヴィナスはこの執拗な振る舞いによって、〈主観的な抗議〉への抗議によって、とても近しい二人の思想家から、すなわちある種のキルケゴール〔レヴィナスは他のところで、イサク「奉献」とアブラハムの父性的な形象に関するキルケゴールの解釈について異議を唱えています〕とある種のローゼンツヴァイクから距離を置こうとしているようです。両者を前にしてレヴィナスは、国家の普遍性を正当化するヘーゲルの立論の誘惑に一瞬かられるふりをします。けれども、そのふりは、エゴの主観的な有限性に閉じこもってはならないということを、ふりなしで理解させるためです。そしてこのエゴの閉じこもりから私たちを守ってくれるのが、ほかでもない「繁殖性」であり、〈父‐息子〉関係の無限な時間だというのです。

主観性によるこうした自己中心的な抗議――一人称による抗議――よりも、もしかすると、ヘーゲル的現実の普遍主義のほうに理があるかもしれない［……］。したがって、自我は善良さのなかに保存されるが、その際、体系への抵抗が、キルケゴールが語るがごとく、依然として幸福ないし救済に汲々とする主観性の自己中心的な叫びとして現れることはない(17)。

明らかにパラドクスがあります。「国家の専制」に対する筋の通った抗議としては、アナーキー、真のアナーキーは父性的でなくてはならない、というのです。たしかに先-根源的な歓待、アナーキーな善良さ、無限な繁殖性、父性は、アレルギーに席を譲るおそれがあります。それはほとんど恒常的に起こっていることであり、歴史の通常の経験に即してみれば、根源以前に到来するものを忘却し否認し抑圧することです。けれどもレヴィナスによれば、この抑圧の否定性はつねに二次的なものにとどまります。たとえそれが、レヴィナスの使用しない精神分析のコードで言われるように、根源的抑圧であったとしてもです。この抑圧の否定性は、それが根源的に二次的であるがゆえに、みずからが忘却し否認し抑圧する当のものを、自身の意に反してなおも証示するというのです。その結果、非歓待、アレルギー、戦争などでさえもなお、すべてがその反対物すなわち歓待から始まることの証言だということになります。

つまり序列上の非対称性が残存するのです（明らかにカントの非対称性とは逆向きですが）。戦争やアレルギー、すなわち非歓待的な拒絶も、依然として歓待の派生物なのです。敵対性も歓待の表明であり、みずからに反して歓待の一現象にとどまります。ここから生じる帰結は恐るべきものです。戦争は別の手段による平和の継続として、いずれにせよ平和ないし歓待の非中断として、つねに解釈されうることになります。この偉大な言説は終末論的な平和を、また何ものにも（根源にさえ）先立たれることのない歓待的な迎え入れを語ります。そこに何を聞いてもかまいませんが、ただ政治の平和神学だけは聞くことができません。

戦争がなおも平和の証言であること、戦争は平和の一現象にとどまること。これはもちろん、レヴィナスが戦争について明言した結論ではありませんが、その危険は残ります。いずれにせよ、私たちははっきりと次のように告げられています。すなわち、アレルギーも、《他人》の超越に対する非歓待的な忘却も、要するに言語の忘却も、なおも一つの証言であり、（もしそのようなものが可能ならばですが）無意識的な証言である、と。

この忘却はみずからが忘却する当のものを、すなわち超越や分離、つまりは言語と歓待、女性と父とを、証示するのです。これこそが「みずからの住処《ドゥムール》のなかに」「残留《ドゥムール》する」ものです。

しかし、分離されてあることは、自己中心主義《エゴイスム》に閉じこもる可能性があり、言い換えれば、みずからの孤立の完成そのものに閉じこもる可能性がある。そして《他人》の超越を忘却する可能性――咎めだてもなく自己の家から一切の歓待を(言い換えれば、一切の言語を)追放する可能性、超越関係(それのみが《自我》の自己閉鎖を可能にする)を自己の家から追放する可能性――は、分離の絶対的な真理、分離のラディカリズムを証示する。分離はその裏面としての超越と弁証法的な様態において相関的であるばかりではない。分離は積極的《ポジティヴ》な出来事として成り立つ。無限との関係は、住処のなかに収容されてあることの別の可能性として残留する。家が他人にみずからを開く可能性は、扉や窓が閉じているのと同じように、家の本質にとって本質的である。(18)

言語すなわち《他人》の超越が歓待的な友愛それ自体であるあるいはそれを翻訳するものであるとしたら、この翻訳を解釈することによって、レヴィナスの「平和」概念をカントのそれから区別することができるでしょう。けれども、それは混乱した仕方においてです（なぜ混乱するかと言えば、私たちが先ほど垣間見たように、この区別はそのつど消滅しかねないからです）。逆説的なカントの遺産相続は、『永遠平和のために』でも皮肉られている、あの墓場の平和への一瞬の目配せに見て取ることができるように思われます。カントと同じく、レヴィナスにとっても、永遠平和はあくまでも生ける者たちの平和でなくてはならないのです。

　したがって、ラディカルな分離の多元論（すなわち全体的共同体の多元性などではないような、全体の凝集や整合性などではないような、「多元性を構成する諸要素の整合性」などではないような多元論）の定義のためには、平和としての多元性を考える必要があります。

> 多元性の統一、それは平和であり、多元性を構成する諸要素の整合性などではない。したがって、平和を戦闘の終結と同一視することはできない。戦闘が止むのは、

戦士が不足し、一方が敗北し他方が勝利を収めることによってであり、言い換えれば、墓場とともに、あるいは未来の世界帝国とともにである。平和は私の平和でなくてはならないが、それは自我から出発して《他者》へ向かう関係のなかでのこと、自我が自己を維持すると同時に自己中心主義なしに実存するような、そんな欲望と善良さのなかでのことである。[19]

すでに『全体性と無限』の「序文」は、「帝国の平和」を告発していました（これについては今日でもなお多くの語るべきことが、パクス・ロマーナのまさに彼方で語られるべき多くのことがあるでしょう）。「戦争から生まれた帝国の平和は、戦争の上に安らう」と、レヴィナスは書いています。

したがって、こうした平和概念はカントの方向性に沿うと同時にカントに抗うようにも思われます。その場合のカントとは、キリスト教徒であると同時に啓蒙の人であり、平和を純政治的な仕方で国家を基点にして考えるようなカントです（カントの考える政治の政治的なものは、それ自身に適合することは決してありませんが）。『全体性と無限』における国家批判は執拗です。「国家の専制」と「国家の匿名的な普遍性」[20]はたえず審判にかけられています。歓待が政治的ないし国家的になることは、なるほどなにがしかの要望に応じることであり、そもそも第三者の訴えに呼応することではあります。けれども、それは「自我と《他者》を変形させる」ことであり、専制暴力を導き入れる傾向をもちます。だからこそ、政治を「それ自身に」委ねたままにしては絶対にならないのです。政治はつねに「欠席裁判によって」判断するでしょう。要するに、死者や不在者について、顔が現前しない場で、「我ここに」と言う者が誰もいない場で、判断するでしょう。そうした場は、欠席裁判ということが法や政治において意味しうるものについて、しかもレヴィナスがこの欠席裁判という語ないし形象をひそかに、しかし驚くべき仕方で用いる際の使用法の彼方で意味しうるものについて、来たるべき省察の場となるでしょう。強調しましょう。

形而上学すなわち《他者》との関係は、奉仕として、歓待として成就する。《他人》の顔が私たちを第三者との関係のうちに置くかぎり、《自我》が《他人》と取り結ぶ形而上学的な関係は《私たち》の形式へと流れ込み、普遍性の源泉である国家や諸制度や法を切望する。しかし、それ自身に委ねられるがままになった政治は、それ自身

> のうちに専制をはらむ。政治は、政治を呼び起こした自我と《他者》とを変形させる。なぜなら政治は自我と《他者》を普遍的な規則に則って判断するからであり、そうすることで、欠席裁判によるかのごとくに判断するからである。[21]

政治的なものは、見せるがゆえに隠蔽します。政治的なものはみずからが光のなかに置くものを隠します。政治的なものは顔を見るべきものとして与え、顔を公共的な現象性の空間のなかに引き込み引き寄せますが、まさにそのことによって顔を不可視なものにしてしまいます。可視性こそが、顔の不可視性を不可視にし、顔の公現の退隠を不可視にするのです。しかし、顔を露出させることで顔の不可視性を隠蔽することの問題は、これだけにつきません。政治的なものの暴力はさらに、顔の唯一性を一般性のうちに抹消することによっても、顔を虐待するのです。この二つの暴力は根底において同一の暴力です。レヴィナスは、「唯一性と顔（政治的なものの可視性はそれらを不可視のままにする）としての《他人》への注意、自我の唯一性においてのみ産出されうる《他人》への注意」を名指すとき、この二つの暴力を結びつけています。そのとき、すぐさまレヴィナスは、キルケゴールやローゼンツヴァイクの解釈へ向かいつつ、次のような説明をつけ加えます。私たちはそれをいま一度引用して位置づけ、そこに見られるある種の「もしかすると」を、いまや強調しなくてはなりません。

> かくして、主観性は真理の営みのうちで復権されるが、それは自己を傷つける体系を拒絶する自己中心主義としてではない。主観性によるこうした自己中心的な抗議――一人称による抗議――よりも、もしかすると、ヘーゲル的現実の普遍主義のほうに理があるかもしれない。[22]

「もしかすると」です。ですが、もしかすると、そこでは国家に対するさらに厄介な告発が、境界ずらしが、おこなわれているのかもしれません。

なるほど、国家の「専制」や「匿名的な普遍性」の空間のなかに、平和の名に値する平和はありえないでしょう。ですが、うすうす感じられていたように、この政治のトポロジーはその褶曲においてかなり捻じれているように思われます。というのも、「国家の外で同定される」もの（平和、歓待、父性、無限な繁殖性、等々）は国家のなかに枠をもち、また「たとえ国家がそうしたものに枠を取っておくにせよ、そうしたものは国家の外で同定される」とレヴィナスは認めるのですから。

したがって、政治的なものがはらむこうした構造的な複雑さには、トポロジー的な宿命があります。すなわち先に述べた仕方で言えば、超越の飛び地です。そこでは倫理的なものと政治的なものの境界は、一本の境界線がもつ分割不可能な単一性を決定的に失います。この境界の規定可能性は、レヴィナスがなんと言おうと、決して純粋であったためしはありませんし、今後も純粋であることはないでしょう。超過のこの内包あるいは内在における超越は、後のテクスト、たとえば「国家の内なる国家の彼方」あるいは「カエサルの国家とダヴィデの国家」といったテクストを通して追跡することができるでしょう。誇張的な踏み越えは、自己の内在性の継ぎ目を外します。この継ぎ目外しは、主体を主人および人質に変える、あの先‐根源的な脱‐固有性ないし脱‐自己固有化へつねに送り返します。そのとき、主体は一切の招待以前に選ばれ、他者の家としての我が家で招待されると同時に訪問される誰かとなり、他者の家の内なる我が家に存在する誰かとなります。すなわち、与えられた我が家――というよりもむしろ、一切の契約以前に貸し出され、割り当てられ、前貸しされた我が家――のなかに、「借財に先立つ負債の錯時性《アナクロニスム》(23)」のなかに存在する誰かとなるのです。

この前貸しの論理、平和で穏やかであると同時に抗いがたいこの論理に則して、迎え入れる者は迎え入れられています。迎え入れる者は、最初から、自分が迎え入れるつもりの他者の顔によって迎え入れられた者なのです。この平和は国家的でも政治的でもなく、またカントの言葉で言えば、コスモポリタン的でもありませんが、それにもかかわらずレヴィナスは、みずからの言葉をカントの言葉と共鳴させます。墓場についての、死者の平和であってはならない平和についての、アイロニカルな言及がそれです。しばしば見られるように、レヴィナスはカントの側に立ち続けようとします。たとえレヴィナスが文字どおりには、完全にはカント的でないにせよ(レヴィナスがカント的だなどとはとんでもありません)、またカントと対立するときでさえ、レヴィナスはカントの方向で語るのです。

カントの皮肉を利かせた演出のうちには、ほとんど注意が払われない些事のように消え去ってしまうものがあります。それを強調してみましょう。墓場の平和への言及では、ある旅籠屋の主人、ホテルの主人、宿を提供する旅籠屋の看板のことが言われています。私たちは事の始めからすでに〔6〕歓待の兆し《シーニュ》のしるし《シーニュ》のもとで、歓待の看板《アンセーニュ》〔7〕のもとで、ホテルの主人のわさびの利いた言葉〔8〕——主人の怪しげな言葉ないし旅籠屋(Gastwirt)の悪趣味な冗談――によって迎えられています。前書きからすでに、つまり『永遠平和のために』の戸口から、私たちは一つの警句によって迎え入れられているわけです。警句以前には表題《タイトル》があり、しかも表題が示すことは一つではありません。表題は一つの場〔トピック〕[9]を、すなわち論題となる永遠平和を位置づけ告知していますが、また同時にそこに告知されているのは、避難所ないし宿屋のことでもあります。かくして、この表題は、約束し、敬意を表し、献辞を捧げているのです――Zum Ewigen Frieden（永遠平和に、永遠平和のために）、と。そのとき、カントの最初の言葉は、二つの平和を、すなわち避難所と墓場とを混同しないようにと警告します。

　墓場が描かれた、かのオランダの旅籠屋の看板に（auf dem Schilde jenes holländischen Gastwirts）刻まれたこの風刺的な文句が、人間たち一般にあてはまるのか、それとも特に戦争にあけくれる国家元首たちにあてはまるのか、あるいはそれとも、あの甘い夢に耽るかの哲学者たち（*die* Philosophen）にだけあてはまるのか、このことを知ろうとする問いは宙吊りのままでありうるだろう〔Ob... mag dahin gestellt werden――すなわち、〈……かどうかを知ろうとする問い〉は、表題や看板のように、宙吊りにされたままでありうるということです」。

したがって、『永遠平和のために』は、永遠平和のどっちつかずの約束、留保なき歓待についての両義的なあるいは偽善的な約束なのかもしれません。ですがカントは、国家元首やあらゆる時代のタカ派が私たちを脅す道具として用いる墓場を望んでいるのでも、平和主義の哲学者の「甘い夢」、理想主義的だが無力なユートピア、夢想的な平和神学を望んでいるのでもありません。カントはこの恐ろしい二者択一に対する応答として、歓待の法や歓待の世界市民政治《コスモポリティク》を提案するのです。それはもろもろの規則と契約の総体であり、つまりは国家同士による条件づけです。それはキリスト教的な地平のなかで解釈しなおされた自然権を土台にして、みずからが保障する歓待そのものを制限します。避難の権利はあれこれの規則によってきわめて厳格に限定されています。ここでこのテクストを分析する時間はありませんし、そうする場所でもありません。ただ少なくとも、カントとレヴィナスとのあいだの、ある差異をここで先鋭化することは必要でしょう。なぜなら、この差異は、避難の権利について、そして現代の私たちにかかわるあらゆる緊急事態について、今日かつてないほど重要だからです。イスラエルで、ルワンダで、ヨーロッパで、アメリカで、アジアで、そして世界中のサン＝ベルナール教会で、無数の「サンパピエ」と「ホームレス」たちが、別の国際法、国境線の別の政治、人道の別の政治、さらには国民国家の利害の彼方で実効的におこなわれる人道的なアンガージュマン、そうしたものすべてを要求しているいたるところで、カントとレヴィナスのこの差異はかつてなく重要なのです。

Ⅵ

一瞬イェルサレムに帰りましょう。

「私たちはイェルサレムの門に近づく」。

接近とは何でしょうか？　そして、この接近がいつか終わることはあるのでしょうか？

あの〈分離からの分離〉の一年後、すなわちエマニュエル・レヴィナスの死から一年後に、イェルサレムへ赴きましょう。

分離の À-dieu は、なおもあの恩恵（レヴィナスのおかげ）を、すなわち痕跡に従ってレヴィナスに耳を傾け、彼を読み、彼を迎え入れて受容するという恩恵を、私たちに残してくれます。

私たちは、このチャンスの可能性を熟考し、言い換えれば、肯定することができます。*Dire à-Dieu*〔《アーデューと言うこと》〕がこのエクリチュールのなかにひとたび（一度かぎり）封印されるや、別れの挨拶《サリュ》と約束とが、〈ようこそ〉と分離とが、一語で、しかし無限に交錯します。(1) 分離の核心における〈ようこそ〉、聖なる分離です。それは死の契機であるだけではなく、死の契機における他者との出会い、迎え入れの挙措でもあります。――やはりつねに無限に、すなわち《アデュー》。

まちがいなく〈無限に〉です。なぜなら *à-Dieu* とは、まずは「無限の観念」のことなのですから。

この意味で、それはまたデカルトに対する訣別のアデューです。先に示唆したように、(1) 自我のうちなる無限の観念の遺産をこのように横領《デトゥールマン》することについて、デカルトならばレヴィナスに従うのをためらったことでしょう。この横領の核心を標記する必要があり、レヴィナスがみずからをデカルトから切り離すその運動を記述する必要があります。それは《à-Dieu と言う》ためであり、*à-Dieu* の *à* を言うため、まさしくこの *à* の転回《トゥール》と方向転換《デトゥールマン》〔横領〕を言うためです。それを言う瞬間は、レヴィナスが、「観念の数学的な明晰・判明で十分だったデカルトが興味をもたなかった」ものを説明する瞬間、そして無限の観念のパラドクス全体が「デカルトの体系のなかで知の探究に従属させられた」ことを説明する瞬間でもあります。レヴィナスは、フッサールがデカルトに向けた批判と自分の批判が似ていることを認めつつも、現象学を現象学的に中断すること（先に話題にしたことです）を確証するまさにそのときに、「同一性《アイデンティティ》の自己‐同一化」とも「自己意識」とも合致しないあの「無限の観念の尋常ならざる構造」を *à-Dieu* と名指すのです。それは《à》が無限の方へみずからを転回《トゥルヌ》させるということです（これこそ《à》の転回《トゥール》＝出番、ターンです）。しかも、《à》はそのようにみずからを転回させる以前にすでに転回させられているのです。《無限》によって無限の方へと。[2] たとえ《à》が、その定義上、この度外れ《デムジュール》に釣り合う《ムジュレ》ことがありえないとしてもです。そしてレヴィナスは、私たちの言語であるフランス語に存在する *à* がこのように不適格であることを通りすがりに書き留めます。それは、レヴィナスがこの同じ言語そのもののなかで、この言語のために *à* という頼みの綱を発明するまさにその瞬間です。[2] 前置詞 *à* は無限を担うために前に置かれ、そして無限のほうも、この前置詞のうちにみずからを前もって置きます。*à*

は唯一的な仕方で無限に開かれているだけではありません。それは言い換えれば神に言うことへ〔*c'est à Dire à Dieu*〕[3]開かれているだけではありません。他の仕方で言えば、*à* はみずからの方向性において向きを変え、最初から無限に応答するために、最初から無限について責任を負うために、無限へと語りかけるのです。[4] *à* 自体を呼び招き *à* 自体に語りかける無限に対して、*à* はみずからの «ad»[5]〔……へ〕を送付《アドレス》します。*à* によって、……への参照、……への関係は、[6] *à* の射程の無限さへと開かれます。*à* によって、この……への参照や関係は、はるか以前から、なによりもまず〔avant tout: 全体以前に〕、神に与え《ドネ》、許す《パルドネ》以前に、神に帰属する以前に、どんなものよりも前に、存在そのもの以前に、一切の現前的なもの《プレザン》＝現在以前に、ある欲望の超過へ捧げられていたのです。À-Dieu という欲望。そして欲望は À-Dieu と言う〔神に言う〕のです。神はこのことのうちに存します。[7] 神はそこに在留することを欲望するのです。すなわち、À-Dieu〔神へ＝神において〕と言われる欲望。

私が無限を考えるのは、志向的な照準の目的性においてではない。あらゆる思考を担う最も深い私の思考、すなわち有限の思考よりも古い私の無限の思考は、時間の隔時性《ディアクロニー》そのものであり、非‐合致であり、解脱そのものである。すなわち、あらゆる意識活動以前に「捧げられてある」仕方である〔……〕。献身として「捧げられてある」仕方。À Dieu〔神へ〕――これはノエシス‐ノエマの複合関係における志向性ではまったくない。〔……〕à-Dieu すなわち《無限》の観念は、志向性や切望が指示しようとする類《るい》の種《しゅ》などではない。それどころか欲望のダイナミズムは、à-Dieu へ、コギトよりも深く古源《アルカイック》の思考へ送り返すのである。(3)

なぜここで欲望の名が持ち出されなくてはならないのでしょうか？　そしてその欲望が何に存するかを、あるいは何に存することを欲望するかを、なぜ言わなくてはならないのでしょうか？　なぜこの欲望はイェルサレムの名に、イェルサレムのある種の欲望に、そこに存する〔在留する〕ことを欲望するという欲望に、結びつけられなくてはならないのでしょうか？

私たちがこれらのことをするのは、歓待の倫理と歓待の政治についての言説を閉じるときです。その前に、一つの手がかりを指摘しておきましょう。それは、ア‐デュー〔à-Dieu〕が何に存するかをレヴィナスが語るとき、神のなかに余所者への愛を見ることが稀ではない、ということです。神とはなによりもまず「余所者を愛する」者です（そう言われています）(4)。しかも度外れなまでに。なぜ度外れかと言えば、度外れとは、死のうちで決定される非‐相互性として（だからサリュ〔やあ〕はアデュー〔さらば〕なのです）、対称性や通約可能性の中断として、ある種の牽引線《トレ》、あるいはまだこう言えればですが連結符《トレ・デュニオン》であるからであり、すなわち別れの挨拶としてのアデュー〔adieu〕を分離する連結符、ア‐デュー〔à-Dieu: 神‐へ〕の連結符でもあるからです。存在の彼方のア‐デュー。実在しないだけでなく、私に与えるべきものも許すべきものももたないような神のア‐デュー。私を遺棄することがないような神への信や献身など、いったい何でしょうか？　高配の保証を与え、私が確信し確実だと思うような神など何でしょうか？　私に何かをあるいは自身を与えることしかできないような神など？　私を選ばないわけにはいかない神など？　このような神への信や献身など、いったい何でしょうか？　こうした命題にレヴィナスは同意したでしょうか？　すなわち、実在しない（もはや実在しないあるいはまだ実在しない）ことがありうるだけでなく、私を遺棄し、いかなる契約や選びによっても私に振り向かないこともありうるような神、そんな神に宛てて、ア‐デューは敬礼《サリュ》や祈りとして語りかけなくてはならないということ、このことにレヴィナスは同意したでしょうか？

欲望、余所者への愛、度外れ。これこそが、ここでの結論に先立って、私が〈アデュー〉というタイトルで銘記したかったことです。――イェルサレムに多様な仕方で近づきながら。

自己を顕示するのではなく、むしろ「余所者を愛する神」。これこそは、存在と現象の彼方、存在と無の彼方にあって、文字どおり存在せず、「存在によって汚染され」ず、アーデューと敬礼《サリュ》と聖なる分離とを、「余所者への愛」という欲望に捧げるような神ではないでしょうか？　《アーデューと言うこと》は歓待を意味しますが、ですがその歓待は、神の「実在」以前およびその向こう側における歓待、神がありそうでありえないこととの外における歓待です。さらには、それは最も絶望した無神論、最も「酔いから覚めた」（レヴィナスはこの言葉を好みます）無神論とは言わないまでも、最も用心深い無神論における歓待なのです。それは「余所者への愛」と名づけられるなにか抽象的な作用などではなく（私はたったいま性急にもそう呼んでしまいましたが）、「余所者を愛する誰か」（神）なのです。

余所者を愛する誰か。誰が余所者を愛するのでしょうか？〔8〕　他の誰を愛すべきでしょうか？

一瞬イェルサレムに帰りましょう。

イェルサレムへ私たちは赴きましょう[9]。

もしかすると、私たちはそこに、イェルサレムに存在しているのかもしれません。

このような回帰の歩み《パ》は可能でしょうか？　この可能性はここでは約束の実効性という尺度によって測られます。たしかに。約束とは残留するものであり、その可能性が実効的であり続けるものです。しかし倫理はこの実効性が実現されることを要求します。さもなくば、約束はみずからが約束することを放棄して、自分を裏切ることになってしまうでしょう。倫理の実現可能性の成就は、すでに政治でしょうか？　それはどのような政治でしょうか？

私たちはそこに、地上のイェルサレムに、戦争と平和のあいだにいます。「和平プロセス」という戦争、信じられてもいないし、またそれを信じさせる努力も見られないにもかかわらず、あらゆる方面から「和平プロセス」と呼ばれているあの戦争のなかにいます。私たちは、脅かされた約束あるいは人を脅かす約束のなかに、現在なき現在のなかに、〈約束されたイェルサレム〉の切迫のうちにいます。

「イェルサレムで約束されたもの、それはトーラーの人間性である」と、かつてレヴィナスは言いました。

これは何を言わんとしているのでしょうか？　イェルサレムの主人および人質たちとは誰のことでしょうか？　レヴィナスがイェルサレムという場所の名をもつ約束を規定するために、地上を、すなわち天上のではなく「地上のイェルサレム」を強調するとき、つまり「あらゆる場所の外にあるのではなく、さまざまの敬虔な思考のうちにある」[5]イェルサレムを強調するとき、「トーラーの人間性」とは、どのように理解されるべきものなのでしょうか？

そのとき、なぜレヴィナスは、迎え入れ以上の迎え入れの方へ、すなわち迎え入れよりも古いけれども、なおも来たるべきものであるような迎え入れの方へ目配せするのでしょうか？　法や政治ということで理解された歓待以上の終末論的な歓待の方へ、一言で言えば、避難所をはるかに越えたトーラーの歓待の方へ、なぜ目配せするのでしょうか？　なぜ歓待の倫理は、避難所の法や政治以上のもの、それとは別ものでなくてはならないのでしょうか？

こうした問いは提出されていません。

少なくとも、一つの場所の安らぎのうちで提出されることは絶対にありません。これらの問いによって、ひとは、安らぐことなくそれらの問いを耐え抜くような自己審問の試練にかけられます。

この耐え抜きを呼び起こすために（この短い時間で他に何ができるでしょうか？）、『聖句の彼方』、さらに正確に言えば、その第三章「避難都市」[6]のなかの、本来ならば一言一句、一歩一歩追跡しなくてはならない、尋常ならざる読解と解釈の航跡に見られる、いくつかの段階を標記《マーク》するだけにしましょう。

その章は二〇頁ほどのものです。その注釈の巧妙で精緻な動きは、さまざまな差異を含み、忍耐強く、創意を凝らした、慎重なものですが、それと同時に、大胆果敢で、開かれたものでもあります。その動きの息づかいはきわめて抑制され、宙吊りになっていますから、私は本当は、段階や論拠を追う粗雑な教育的な配慮が必要だからといって、たとえ一瞬でもその動きを止めたり、さらには分節化したりすることなどしたくありません。それでもあえてそうするのは、ただ、この場で予告されている事柄へあなたがたが立ち返るよう、幕開けにおいて招待するためです。

おそらく、イェルサレムの女性的な形象を省略法によって想起すれば十分でしょう。イェルサレムの女性的な形象は、歓待について、「格別に歓待的な迎え入れ」「格別の迎え入れる者」「それ自身において迎え入れる者」である女性的な存在について、以前に聴き取り問い質したことを呼び覚ますでしょう。

欲望すること、在留すること。アドナイの欲望[10]——そう、アドナイの欲望です——によるシオンの選びを讃美しながら、ある『詩篇』（一三二・一三）はイェルサレムを名指し、そしてイェルサレムとは、滞在地《ドゥムール》〔住処〕として選ばれた愛人あるいは妻なのだと言います。神はシオンに在留することを欲望すると言います。「そこに私は在留しよう。というのも私はそのことを欲したのだから」とドルム訳はなっています。在留することを欲望することは、まるで一語であるかのよう、同じ一つの動きであるかのようです。というのも、特異な在留地をこのように選別的に要求し、排他的に要求することなくして、欲望はないからです。

そうだ、アドナイはシオンを選んだのだ。彼は彼女シオンに夢中になり、そこに住みたくなったのだ。

「私の休息は、ここにこそある。永遠に私はそこに住む。そうだ、私はそれに惚れ込んだのだ[7]」。

またレヴィナスが別の『詩篇』(一二二・三)の形象に従って、イェルサレムを「交配した都市として建てられた」(ここでは、神の高き天上と現世の低き地上との交配という意味)ものとして描くとき、彼は別のことを言っているでしょうか?

レヴィナスはこの形象をめぐる二つの解釈、すなわちシオニズム的な解釈と普遍主義的な解釈とを横切り、それらよりも第三の方向を好ましいと思っています。この第三の方向によれば、地上の都市と人間たちの住処(水平的な次元)における正義なくして、宗教的な救い《サリュ》(垂直的な次元)はありません。そしてトーラーのイェルサレムを、「避難都市のこの都市計画のコンテクストにおいて[8]」、この「避難都市の人間主義ないし人道主義[9]」のコンテクストにおいて熟考する作業は、まさにこの「第三の方向」へ向かって発動するのです。

そのとき、この第三の方向が「私たちにとって意味するアクチュアルな[10]」内容について言及が積み重ねられます。「人民の怒り」や「私たちが置かれた社会的な不均衡の結果である、都市郊外における反抗精神さらには非行精神[11]」が言及されます。レヴィナスはさらに問います。「こうしたすべてのことのために、私たちの街は、避難都市あるいは追放された者たちの都市となっているのではないだろうか[12]？」

『マコット〔鞭打ちの刑〕』（一〇ａ）の抜粋をめぐるこの読解は、さらに具体的には『民数記』（三五）で語られる避難都市という考え方に結びついています。すなわち、殺す意図がなかったにもかかわらず人を殺してしまい、血の復讐者あるいは「血の贖い人」（シュラキ訳）から追われることになってしまった者たち、そんな者たちの誰にでも差し出すようにと、神がモーセに命じる避難都市という考え方です。「血の復讐者」に狙われた不慮の殺害者の救済を確保するために、宿泊地を提供せよというのです。死を与える意図なしに殺す者、「不注意の過失による」有罪者を法廷が裁けずにいる場合、復讐者は復讐する正当性が自分にあると感じますが、そうした復讐者を街の門のところで阻止しなくてはならないのです。

レヴィナスは最初に次のことを心に刻もうとします。すなわち、この神の命令が命じているのは、不慮の殺害者を血の復讐者の「周縁的《マルジナル》な法」から保護することを可能にする法（実は反‐法）を創造せよ、ということです。レヴィナスが称えるこの反‐法の法は、かなり巧妙なものです。というのも、殺害者に差し出される避難所は時限つきであり、そのことによってこの法は安らぎを流刑に、歓待を処罰に変えるのですから。主体的になされたのではない不慮の殺しも、全面的に無罪にされてはならないのです。レヴィナスはこの二重の目的を強調します。その二重性は、故意の殺害と不慮の殺害とのあいだに断絶がないことを私たちにうまく思い出させます。ときに見えなくなりますがつねに判読されるべきこの連続性によって、私たちは自分の応答責任を無限化する義務を負うことになります。つまり私たちはみずからの不注意と軽率さに対しても、意図的に自由意志でおこなうのではないことに対しても、さらには無意識のうちに(しかしつねにシニフィアンのなかで)おこなうことに対しても、責任を負うのです。その先ではさらにラディカルな文言が現れます。「殺害が意図的であろうとなかろうと、殺害者にはただ一つの種族しかないだろう(13)」。

ですが、以上のことは第一段階にすぎません。別の聖句では、トーラーの師は自分の弟子が避難都市に逃れなければならないとき、弟子についていくべしと規定されています。なぜかという疑問が当然生じます。避難都市へ追放された場合でも、トーラーそれ自体は保護されなければならず、トーラーに避難所が提供されなければならない、とそう結論すべきでしょうか？　レヴィナスは「トーラーは避難都市ではないだろうか？」と問います。

次のような「疑わしい」［レヴィナスはもっと先で「見てくれのよい」という表現を使っています］解釈学によって、それは周知のことではないだろうか？「どのようにしてそれは可能だろうか？　ラビ・ヨハナンも、「トーラーの言葉が避難所だということを、私たちはどこから知るのか？」と言わなかったか？「［モーセが選んだのは］荒れ野のベツェルである」（『申命記』四・四三）と言われ、そのすぐ後では、「ところで、これはモーセのトーラーである」（『申命記』四・四四）と言われている(14)」。

レヴィナスはこの「「見てくれのよい」解釈」に一応の信用を与え、注釈や議論を加えた後で、さらなる別の一歩を踏み出します。この一歩は、「避難都市およびその寛大さとその赦しの高貴なレッスン」の彼方へ私たちを運んでいくでしょう。というのも、「高貴なレッスン」は司法上の洗練を導き入れるにもかかわらず、あるいはその決疑論そのもののせいで、トーラーに対して曖昧なままだからです。トーラーはさらなることを求め、さらなるイェルサレムを求めます。トーラーはイェルサレムにおいてさらなることを要求するのです。

トーラーとは正義であり、避難都市の曖昧な状況を乗り越える全面的な正義である。なぜ全面的な正義かと言えば、それは語り方や内容の点で、絶対的な警戒への呼びかけだからである。いかなる不注意の過失も、意図せざる人殺しの過失も受け入れない大いなる覚醒である。こうしたトーラーによってイェルサレムは定義されるだろう。つまり、それは極度の意識《コンシァンス》=良心を有する町なのである。あたかも私たちの習慣的な生の意識は依然としてまどろみであり、私たちは依然として現実に足をつけていなかったかのようである。

私たちはイェルサレムの門に近づく⑮。

全面的な正義、イェルサレム‐の‐トーラー。けれども、この正義はその極度の警戒から、正義が現実になること、法や政治になることを命じるような正義です。政治的なものと法的なものとを、それらの哲学的な意味において超越する正義の法は、ここでもまた、国家の内なる国家の彼方、法の内なる法の彼方です(これが〈いま－ここ〉の人質的な応答責任です)。まさしく顔に及ばないあらゆるものは、法としての正義を要請する対面すなわち第三者による中断のなかで正義の法に服従しなければならず、さらに正義の法によって超過され、強迫されるまでにいたらなければならないのです。

このことは果てしなく強調される必要があります。第三者の経験は対面の中断として定義されますが、それは審問としての問いと正義の根源であって、二次的な闖入ではありません。第三者の経験は最初の瞬間からすでに不可避です。けれども、それが不可避なのは顔においてです。第三者の経験は対面を中断しますが、しかしそれ自体もまた自己中断として対面に属しています。第三者の経験は顔に属し、顔を介してしか産出されません。「第三者の啓示は顔において不可避だが、顔を介してしか産出されない」[16]。

あたかも顔の唯一性が、その絶対的で否定しえない単独性において、アプリオリに複数的であるかのようです。レヴィナスはこの事態を『全体性と無限』のときからすでに[17]、こう言えるなら、計算に入れていました。すなわち、私たちが強調したように、身代わりの「論理」(これはすでに一九六一年に素描されていました[18])が『存在するとは別の仕方で、あるいは本質の彼方』で展開されるずっと前から、すでにそれを考慮していました。身代わりの最も一般的な可能性は、唯一者とその代替《ランプラスマン》(代替は、保持しがたいと同時に割り与えられた立場《プラス》、単独者が代替可能なものとして置かれた場《アンプラスマン》、隣人と第三者の拒絶しえない立場にかかわります)とを同時に条件づけるものであり、両者の逆説的な相互性(非相互性の条件)です。この身代わりの最も一般的な可能性は、主体の自己性における第一の触発ではないでしょうか？　このように理解された身代わりは、主体性の運命を、主体の主従化《シュジェシオン》を、すなわち主人と人質とを告げています。「主体とは主人である」(『全体性と無限』)、「主体とは人質である」(『存在するとは別の仕方で、あるいは本質の彼方』)。このように分析された主体性は、主人もしくは人質として、他者として、純粋な他者性として、存在論的な述語を一切剝ぎ取られたものでなければなりません。それはパスカルが語った純粋自我に少し似ています。パスカルの純粋自我は、付与されうるあらゆる性質を脱ぎ捨てます。つまり、純粋な自我として、本来的に純粋な自我として、それが超越し超過するあらゆる固有の特性を脱ぎ捨てます。このような自我と同じく、他者も、現実的な述語には還元できず、定義したり定立できるものには還元できません。それは裸であり、一切の特性をまとっていません。そしてこの裸形性は、無際限に曝け出された他者の傷つきやすさ、皮膚でもあります。規定可能な特性、具体的な述語、経験的な可視性といったもののこうした不在こそが、おそらくは他者の顔に亡霊的《スペクトラル》なオーラを与えるのです。とりわけ、主人の主体性が顔の訪れでもあると告げられるときがそうです。ホストあるいはゲスト、Gastgeber〔主〕あるいはGast〔客〕としての hôte は、たんに人質であるだけではありません。それはある深い必然性に従って、少なくとも精神あるいは幽霊(Geist, ghost)の形象をもつでしょう。あるとき、ある人がレヴィナスに向かって、彼の哲学の「幽霊的な性格」について、特に「他者の顔」を扱う際の「幽霊的な性格」について、懸念を表明したことがありました。レヴィナスは直接には抗議しませんでした。ですが彼は、私が今しがた「パスカル的」と呼んだ議論に依拠しながら(「他者はその性質から独立して迎え入れられなくてはならない」)、まさしく「迎え入れられる」とはどういうことか、とりわけ「無媒介に」、緊急に、待ったなしに「迎え入れられる」とはどういうことかを説明していきました。あたかも性質や属性や「現実的な」特性(こういったものはすべて、生けるものを幽霊でなくします)が、迎え入れの純粋さを鈍らせ、媒介によって間接的なものに変え、危うくするとでもいうかのようです。他者は待ったなしに、その他者性において迎え入れられる必要があり、つまりは他者の現実的な述語を認知することにとどまってはならないのです。要するに、ghost〔幽霊〕ないしGeist〔精神〕ないしGast〔客〕としてのhôteに差し出される歓待という危険[11]――これはつねに不安をかきたて、奇妙な仕方《エトランジュマン》で不安をかきたて、余所者《エトランジェ》（unheimlichなもの）として不安をかきたてるような危険です――こうした歓待の危険を冒すことによって、たんなる知覚・認知[12]の彼方で他者を受け入れる必要があるのです。この亡霊性の賭金なくして歓待はありません。亡霊性とは何でもないもの〔無〕などではなく、存在と無、生と死といった存在論のあらゆる対立を超過し、つまり脱構築するものです。――そして亡霊性は贈与します。亡霊性は本質の彼方の神として、贈与《ドネ》し、整序《オルドネ》し、赦し《パルドネ》を与えることもありますし、そうしないこともあります。存在なき神、存在に汚染されていない神――これこそは《顔》ないし《まったき他者》の最も厳密な定義ではないでしょうか？　ですが、この定義は、それこそ精神的であると同時に亡霊的な、不安に満ちた把握の仕方ではないでしょうか？

　避難都市が最初から約束以上のものであるということは、意味のないことでしょうか？　避難都市とは、死を与える意図なく死が与えられてしまった状況で与えられる秩序《オルドル》です。けれどもそれはまた、犠牲者の亡霊的な回帰によって、執拗な回帰霊の報復によって憑依された殺害者を、すなわち今度はお前が殺される番だと主張する復讐者によって憑依された殺害者を、死から救えと命じる命令《オルドル》でもあります。そこから避難都市の極度の曖昧さが生じます。すなわち、意図せざる有責者に宿を提供しなければならず、殺害者に免責[13]を、少なくとも暫定的な免責を許可しなければならないのです。

こうした避難都市の「高貴なレッスン」が依然として証言している政治的な曖昧さや法的な不明瞭さを、トーラー、イェルサレムにおけるトーラー、トーラー－イェルサレムは超えますが、それでもトーラーは地上のイェルサレムのうちに約束を書き込まなければなりません。つまり、比較不可能なもの同士を比較せよと命じなくてはならないのです(これが正義というものであって、すなわち正義とは、共時性、共－現前性、システム[14]、そして最終的には国家、こうしたものに対して義務からなされる譲歩のことなのです)。トーラーは、交渉不可能なものについて交渉し、最も「「良い」ものあるいは最も悪くないものを見つけよ、と厳命しなくてはならないのです。

「より良い」という語〔le mot «meilleur»〕(これは最良の語〔le meilleur mot〕です)をここで囲う引用符以上に重大で、重たいものはありません。「政治的な文明」は野蛮「「より良い」」のですが、それはたんに「「より良い」」だけであって、言い換えれば、より悪くないだけです。それは良いのではなく、あくまでもその場しのぎ⑮にとどまります。しかし、このその場しのぎへ行く必要があるのであって、そこへ行かないわけにはいきません。だからこそ、このテクストの結論部は、たんなる一つの政治、「一つのナショナリズムやさらなる特定主義⑯」にすぎないようなシオニズムに対して警戒せよ、となおも呼びかけているのです。

トーラーのこうした主張によってイェルサレムは定義されるが、この主張はまさしく避難都市との対立において理解される。避難都市とは、主観的な無実を保護し、客観的な有罪を赦し、行為が意図に必然的にもたらすあらゆる矛盾を赦す、そうした文明ないし人間性の都市である。それは政治的な文明であり、たしかに自由を自称する情念や欲望の文明「より良い」ものではある(情念や欲望はなんの歯止めもなく奔出するがままになると、『ピルケー・アヴォット〔父の倫理教訓集〕』が言うような「人間同士が互いを生きたまま貪り合いかねない」世界に行き着いてしまう)。それはたしかに法の文明である。しかし政治的な文明はしょせん政治的なのであって、その正義は欺瞞である。そこでは血の復讐者が、否定しえない権利をもって徘徊する。

イェルサレムで約束されたもの、それはトーラーの人間性である。避難都市が抱える根深い矛盾は、この人間性によって乗り越えられることになるだろう。それは《神殿》よりも良い新たな人間性である。避難都市から出発した私たちのテクストが思い起こさせること、あるいは教えることは、シオンへの切望つまりシオニズムは、一つのナショナリズムやさらに特定主義などではない、ということである。それはまたたんに避難所を探し求めることでもない。それは社会についての十全に人間的な学知と十全に人間的な社会への希望である。そしてそれはイェルサレムに、地上のイェルサレムのうちにあるのであって、あらゆる場所の外、敬虔な思考のうちにあるのではない[19]。

この約束を理解する〔聞く〕[17]ことは可能ではないでしょうか？またこの約束を受け取り、傾聴することも可能です。さらには、ひとがこの約束に巻き込まれ責務を負ったと感じることさえありえます。とはいえ、この約束が呼びかけの核心においてはらむ沈黙、これを感じないわけにはいかないでしょう。この沈黙はある裂孔の形象、言い換えれば、話し食べるために開かれた口であるだけではなく、なおも黙ったままであるような口の形象でもありえます。

私としては、こうした沈黙が、「避難所」の彼方の「希望」を語るこの結論部のなかに聞こえるように思います。というのも、そこでは、最も「良い」政治、最も「良い」法について、規定的なことは何も(規定可能なことも何も)言われていないからです。近代国民国家の法が支配する世界においては、「欺瞞の政治的な文明」においては、今日そして明日の地上のイェルサレムにおいては、戦争の権利と万人の権利が右の約束に最も「良く」あるいは最も悪くなく応答しているのかもしれませんが、そうした法について規定的なことは何も言われていないのです。

これを古典的な哲学言説に従って言えば、メシア的な歓待の倫理あるいは聖性と、「和平プロセス」、政治的平和のプロセスとをつなぐ、最も「良い」あるいは最も悪くない媒介を与える規則や図式については、沈黙が守られているということです(カントによれば、純粋実践理性にはそうした規則や図式がありません)。

この沈黙は深淵から私たちに到来します。

　もしかするとこの沈黙は、エリヤが呼びかけられた沈黙に似ているかもしれませんし、もしかすると(もしかするとですが)その残響《エコー》かもしれません。エリヤはただ独りで、沈黙の奥底から自分が呼びかけられるのを聞きました(「エリヤよ、お前がここに、とはどういうことだ。お前はここで何をなすべきか?」)。エリヤに呼びかけたのは、ほとんど声とは言えないような声、ほとんど聴取不可能な声、かすかな風のそよぎと区別がつかないような声、沈黙と同じくらい捉えがたい声、いわば「繊細な沈黙の声」です。けれどもエリヤは、神の現前を、山の上に、風の吐息に、地震のなかに、火のなかに探し求めて無駄骨を折った後で、この声を聞いたと信じました。要求する声(「お前は何をなすべきか? お前が、ここで?」)、命令する声、そして「行け」と命令する声を聞いたと信じたのです[20]。

　いずれにせよ、こうした声の沈黙は、風の吐息や地震や火よりも御しがたいものですが、それはどこにでもある深淵ではありませんし、必ずしも悪い深淵というわけでもありません。その深淵の輪郭を描く試みさえ可能でしょう。その深淵は、倫理と政治とのあいだの、倫理と正義ないし法とのあいだの関係〔運び返し〕の必要性について沈黙せよ、などと吹き込みはしません。この関係は必要です。この関係は現に存在しなくてはなりません。倫理から政治と法を演繹する必要があるのです。すべてに引用符を課さざるをえないとはいえ、最も「良い」ものあるいは最も「悪くない」ものを規定するためには、この演繹が必要なのです。デモクラシーは専制「より良い」。たとえ「欺瞞的」な本性をもつにせよ、「政治的な文明」は、やはり野蛮「より良い」。

　ここからどのような帰結を導き出すべきでしょうか？　私たちがこれまで大胆にも定式化してきた帰結に、私たちがいま提出している帰結に、レヴィナスは同意したでしょうか？　どれほど私たちが忠実でありたいと望もうとも、私たちがこの問いに答える《レポンドル・ア》ことはできませんし、答えることができるなどと主張せずにいるべきですし、またレヴィナス自身だったらこう答えただろうなどと請け負う《レポンドル・ドゥ》こともせずにいるべきです。たとえば、先に私たちが正義の宣誓逸脱について述べたことについて。または、私が倫理と政治、倫理と法とのあいだにあるあの沈黙を解釈したときに、導き出された帰結が文字どおりのままであることについて。

　この沈黙をどのように聞く＝理解する《アンタンドル》べきでしょうか？　そして誰がこの沈黙を聞く＝理解することができるのでしょうか？

どうやら、私は次のことを書き取れと命じられているようです。すなわち、倫理から政治と法を演繹せよという形式的な厳命[18]はやはり拒否しえないものであり、この厳命は第三者や正義と同じく待ったなしである、と。倫理は政治と法に命令を与えます。この依存関係および条件づけられた派生関係の方向性は、無条件的であると同時に不可逆的でもあります。ですが逆に、このように指定された政治的ないし法的な内容のほうは規定されないままであり、すなわち、知と一切の現前化の彼方、一切の概念や直観の可能性の彼方でつねに規定されるべきものとして残留します。その内容は、単独的に各人が引き受ける言葉と応答責任のなかで、各状況のなかで規定されるべきものであり、そのつど唯一の分析——唯一にして無限な分析、唯一ですがアプリオリに身代わりへと曝された[21]分析、唯一ですが一般的な分析、決断《デシジオン》[19]の切迫にもかかわらず無期限の分析——そうした分析から出発して規定されるべきものです。というのも、あるコンテクストや政治的な動機の分析には、その計算のなかに数限りない過去と未来が含まれている以上、絶対に終わりがないからです。いつものように決断は、計算、知、科学、意識などによって条件づけられながらも、つねにそれらとは異質にとどまります。私たちが話題にしている沈黙、なによりもまずそれに耳を傾けようとしている沈黙とは、原基《エレマン》的かつ決定的《デシジフ》な合間〔entretemps〕のことであり、決断の瞬間的な合間のことであり、錯時性《アナクロニー》と対抗時間〔contretemps〕のなかで時間を変調させ、その継ぎ目を外す（«out of joint»）ような合間のことです。それは次のようなときです。すなわち、法の法が非‐法のなかで、自分自身を自分自身から曝け出し、主人と同時に人質となり、他者の主人と同時に他者の人質となるようなときです。唯一者の法が身代わりや一般性の法に従わなければならないときです（でなければ、法なき倫理に従うことになるでしょう）。トーラーとメシア的な平和の法とを集約する「汝、殺すなかれ」が、いかなる国家に対してであれ（たとえばカエサルの国家であれダヴィデの国家であれ）、軍隊を動員して戦争や警察活動をおこない、国境を管理・統御する（そして殺す）許可を与える命令をなおも下すときです。こうした当たり前と見える事例を濫用しすぎてはなりませんが、ですがあまり性急にそれを忘却してもなりません。

　というのも、私たちの話の基点となっている沈黙は、レヴィナスが死者（男女を問いません）の定義、無を意味するのではない死の定義とみなす〈答えなし〉と、間違いなく無縁ではないからです。この〈答えなし〉、この応答中断は、言葉なき死を待つまでもなく、あらゆる言葉に空隙を穿ち、[20] その連続性を断ち切ります。それは、倫理的なものと政治的なものをつなぐ図式にかかわる〈答えなし〉の裂孔、[21] 沈黙です。この裂孔、沈黙は残余します。残余するものは事実〔fait〕ですが、この事実は経験的な偶然性などではありません。それは Faktum〔なされてしまったもの[22]〕なのです。

しかしながら、この裂孔・沈黙という Faktum は、メシア的な約束と、政治における規則や規範や法などの規定とのあいだにも、残余しなくてはなりません。それは二つの次元のある種の異質性、不連続のしるしです（たとえ地上のイェルサレムの内部においてであっても）。応答責任や決断はある種の非決定《アンデシジオン》から発してのみ得られ決定されますが、沈黙という裂孔の Faktum は、そうした非決定の合 - 間〔entre-temps: 時のはざま〕です。言葉《パロール》が得られること〔発言すること〕、そしてまずなによりも言葉が与えられること〔約束すること〕[23]が可能になるのは、まさしくこうした〈答えなし〉から発してです。なんぴとであれ、与えられた言葉〔約束〕に忠実であることによって、最初に言及した「宣誓《パロール・ドヌール》〔名誉をかけた言葉〕」に忠実であることによって、「言葉を取ること」、政治的な発言をおこなうことが可能となるわけですが、その可能性は以上のような〈答えなし〉

から発するのです。

したがって、この沈黙は与えられた言葉〔約束〕の沈黙でもあるのです。

沈黙は言葉を与える〔約束する〕のであり、沈黙は言葉の贈与〔約束〕です。

こうした〈答えなし〉は、応答すべき者が私ただひとりである場合でも、私の応答責任の条件です。沈黙や裂孔〔穴が開いていること〕は、規則がないということではありません。それは、倫理的、法的、政治的な決定《デシジオン》＝決断の瞬間において跳躍が必要だということです。この沈黙、裂孔がなければ、私たちは行動プログラムとしての知をただ繰り広げるだけとなるでしょう。このこと以上に人を無責任にする全体主義的なものはありません。

さらに、この不連続性を組み込めば、レヴィナスが平和やメシア的な歓待について、政治的なものの内なる政治の彼方について語るあらゆることに賛同することができます。もちろんその場合でも、今日の地上のイェルサレムの現実の状況と実効性についてレヴィナスがおこなった政治内的な分析に属する「意見」を、すべて共有する必要はありません。また、もはやさらなるナショナリズムではないとされるシオニズムについても、同意見である必要はありません（シオニズムはさらなるナショナリズムではないと言われていますが、私たちがかつてなく承知しているように、あらゆるナショナリズムは自分が範例として普遍的でありたいと思うものであり、それぞれがみずからの範例性を主張し、さらなるナショナリズム以上のものたらんとするものです)。いかなる(近現代的な意味での)「ナショナリズム的な」誘惑にも屈することなく、選びへの、とりわけ永遠の民の選びへの信を維持することは、現実において困難であると思われますし、(イスラエルばかりでなく)あらゆる国民国家の実際の政治のなかで、選びとナショナリズムとを切り離すことは困難であると思われます。とはいえ、たとえそうだとしても、この切り離しをレヴィナスがおこなおうとしていたことも認める必要があります。彼は選びというみずからの主題系(かくも中心的で、かくも強力で、かくも規定的な主題系)を、いかなるナショナリズムの誘惑からも引き離そうとつねに望んでいました。その証拠はいくらでも挙げることができます。一九三五年から一九三九年のあいだに書かれた、尋常でない政治的な諸論考のなかから、ほんのいくつかを指摘しておくにとどめますが[22]、それらの論文は《契約》を「ユダヤ・ナショナリズム」の上位ないし彼方につねに置いています[23]。

　裂孔は空間を開放します。それによって論証の構造と言表の場のなかに、微妙かつ困難な、けれども必要な分離をもたらす分析が、その場を与えられるようになります。それはたとえばレヴィナスの言説においても言えることです。みずからが中断されることを承知しているがゆえに均質的ではありえないテクストにおいて、こうした分離的な分析をおこなう権利を、さらにはあれこれの命題について議論する権利を、私は自分に禁じることがどうしてもできません。こんなことを言うのは僭越でしょうか？　そして、私がエマニュエル・レヴィナスに賞賛をともなった忠実さと尊敬の念をもっているからこそ、そうした権利を自分に禁じては絶対にならないと信じると、そんなふうに言うのは僭越でしょうか？　というのもレヴィナスのテクストは、《言うこと〔le Dire〕》に内在的な矛盾〔contradiction: 反言〕について思考させるからです（このことを決して忘れないようにしましょう）。この《言うこと》に内在的な矛盾とは、私たちが《反言〔ContraDiction〕》と呼んでおいたものです。それは《言うこと》の内密な区切れ、しかしまた《言うこと》の原基的な息吹であり呼吸でもあるのです。

こうした議論は、対面におけるあるいは第三者への注意における、他者を前にした応答責任が問われる場合に、すなわち正義が弁証法化不可能な矛－盾〔contra-diction: 反－言〕(24)となるまさにその場で、必要とされるのではないでしょうか？

私はまさしくこの分析の義務によって、構造的なメシア性、拒否不可能な切迫した約束、目的論なき終末論を、一切の特定の限定的なメシアニズムから分離するように迫られるでしょう（それがどのような結果を引き起こそうともです）。シナイあるいはホレブ山〔シナイ山の聖書における別称〕の名のもとに特定され限定された場所で、啓示によって受肉したメシアニズム以前のメシア性、あるいはメシアニズムなきメシア性です。

けれども、シナイ以前のトーラーの啓示を、一つならぬ意味《サンス》＝方向で私たちに夢見させたのは、ほかならぬレヴィナスその人ではないでしょうか？　もっと正確に言えば、レヴィナスは、この啓示そのものに先立つトーラーの承認[25]を、私たちに夢見させたのではないでしょうか？

そして、シナイが、シナイという固有名が担うものは、換喩《メトニミー》でしょうか？　それとも寓意《アレゴリー》でしょうか[24]？　シナイ以前に到来したことになるものを（確信を無理強いすることなく）思い出させるために、ほとんど解読不可能な解釈が到来したわけですが、シナイの名が担うのは、そうした解釈の名目的な身体でしょうか？　その場合、シナイ以前に到来したことになるものとは、顔とその退隠であると同時に、《第三者》の名において、すなわち正義の名において、《言うこと》のうちで《言うこと》に矛盾《コントルディール》＝反言するもののことでもあります。シナイ、それは《矛盾《コントラディクシオン》＝反言》そのものなのです。

要するに、できれば私が示唆したかったものが、ここで振動しに来ます。そして、それが振動しつつ伝えるものは、もしかすると、ある不安かもしれません。すなわち固有名である「シナイ」が言わんと欲するものを前にして感じる、またみずからを「シナイ」と呼ぶと同時に私たちをも「シナイ」と呼ぶものを前にして感じる、そして「シナイ」というこの名にもとづいてこの名に責任をもつものを前にして感じる、なんらかの恐れと怯えなのかもしれません。

そうすると「シナイ」という固有名は、「顔」という名とまったく同じくらい、謎めいたものになるでしょう。ここで「顔」と呼ばれるものは、単数形においてであれ複数形においてであれ、そのヘブライ語の同義語の記憶を保持しながら、なにか翻訳不可能な固有名に似通い始めます。しかしこうした事態になるのも、翻訳という出来事の効力においてのみなのです。

この翻訳は他なる翻訳であり、翻訳についての他なる思考です。それは前夜‐以前[26]から発しており、そこに前夜はありません。すなわち、先‐根源的なものから発しているのであって、原本《オリジナル》はないのです。「顔」そして「顔たち」——顔は、唯一者に即して、対面に即して、そして第三者の〈二以上〉に即して、単数形《サンギュリエ》〔単独性〕と同時に複数形《プリュリエル》〔複数性〕でも書かれるべきでしょう――つまり顔たちは、これもまたとても古い一つならぬ名であり、フランス語のなかで発明しなおされた複数的な《プリュリエル》単数性《サンギュリエ》〔複数的な単独性〕ではないでしょうか？　それは一つの詩ではないでしょうか？　すなわち、別のフランス語をみずからの転回に調和させながら、私たちに別のフランス語を与える詩です。そこでは、他の人間――他者あるいは余所者としての人間、他なる人間、すなわち人間の他者あるいは人間とは他のもの――のために、新たな響き合い《アコール》[27]が、いまだ前代未聞の言語が、創作されるのです。

そう、なにがしかの命名《ノミナシオン》がフランス語に与えられた《アコルデ》のでしょう。その命名はフランス語に翻訳され、フランス語を訪れました。そしていまやその命名は、フランス語の外へ翻訳不可能な固有名のように、フランス語の人質になっているのです。

この来歴《イストワール》〔歴史・物語〕において、主人《オート》＝客人は誰だったのでしょうか？　誰が主人＝客人になるのでしょうか？

ア‐デューという語も同じ響き《アコール》〔調和・和音・協定〕に属しています。この語は、名詞よりも前に、動詞よりも前に、沈黙した呼びかけあるいは挨拶《サリュ》の奥底から命名に到来し、名によって名を呼びます。《ア‐デュー》は、名詞も動詞もなしに、沈黙のすぐ傍らで、顔と響き合うのです。

ところで、「私たちは他人の顔のうちで死と出会う」[25]。

私たちは先ほどア‐デューのもつ無限の意味を指摘し、思考、コギト、ノエシス‐ノエマ的な志向性、知、客観性、合目的性などをはみ出す、無限という観念を指摘しました。ですが、ア‐デューを「有限のうちなる無限の観念」に翻訳し、その意味を無限の観念へ、意味のはみ出しへ還元して満足するなら、アデューという特有表現《イディオム》は中和されてしまうでしょう。そのとき、アデューは死を忘却するための口実になってしまいます。ところでレヴィナスの思想全体も、最初から最後まで、死についての省察でした。ですが、その省察たるや、プラトンからヘーゲル、ハイデガーにいたる、死の配慮(epimeleia thanatou〔死の練習〕、Sein zum Tode〔死に属した存在〕)でもあった哲学――なによりもまず死の配慮であった哲学――の全体を、横流しし、途惑わせ、我を失わせるような省察でした。レヴィナスがア‐デューの思考を発明しなおすとき、私たちがたった今この言葉の下で思い出したすべてのことが考えられているのはもちろんですが、けれどもその際に彼は哲学の伝統に反しながらも、あるいはその伝統から離れながらも、死について教えるべき事柄から離れはしません。その最初のというわけではありませんが、格別の例が、「死と時間」についての講義のなかに、とりわけ「志向的ではない意識」についての一九八三年の論考に見られます。ア‐デューが、意味の無限さの余剰、無限な〈さらなる意味＝もはや意味なし〉[28]の証言であることは確かです。しかしそれは、もしこう言えればですが、死の刻における証言です。しかもその死は、もはや存在と無の二者択一に従ってアプローチしてはならない死です。そのとき、まさにこの死の刻に、別れの挨拶《サリュ》あるいは呼びかけが、ア‐デューと言われるのです。ちょうどレヴィナスは、「顔の極度の廉直さ」にだけでなく、「無防備に死へ曝されることの廉直さ」や「絶対的な孤独の奥底から私に宛てられた要求」にも言及したところです。この要求を通して、「神の言葉《パロール》と呼ばれるもの」が私に配達されるのですが、それは一種の割り当て[29]として届きます。その言葉は、ア‐デューのなかで聞かれるべきものとして与えられます。

　神の呼びかけ、それは私に語りかけた《彼》と私とのあいだに関係を確立するのではない。すなわち、なんらかの資格によって項と項〔終端と終端〕[30]を接続するもの

──共‐存、共時性だ（たとえ理念としてであれ）──を確立するのではない。《無限》は終端〔項〕にいたる思考にとっては意味〔記号〕をなさないし、ア‐デューは合目的性《フィナリテ》〔最終目的をもつこと〕ではない。栄光という語が存在の彼方〔31〕で意味〔記号〕することは、もしかすると、ア‐デューないし神への恐れが終末論的なものに還元不可能であるということなのかもしれない。この還元不可能性によって、人間のうちで意識が中断される。すなわち、存在論的な固執によって存在へと赴いていた意識、あるいは究極的な思考と取り違えられた死へと赴いていた意識が、中断されるのである。存在と無の二者択一は究極的なものではない。ア‐デューは存在のプロセスではない。呼びかけは他なる人間を通して記号を示し意味をもたらす《シニフィ》が、この呼びかけのなかで私が送り返されるのは、この他なる人間へであり、この隣人のことを〔この隣人のために＝代わりに〕私は案じなくてはならないのである。㉖

もとになる楽譜《パルティシオン》〔分割〕は同じですが、レヴィナスはときに別の仕方で、他なる声域で、ア‐デューという言葉を使用しました。彼が言わんとしていたことは同じですが、それを教師然としない音程《オトール》〔高さ〕でも語ろうとしていたのです。一種のにこやかなつぶやきでもって、レヴィナスは同じ一〇年のあいだに同時に、生にアデューと言い始めていました。みずからの老いを感じ、老いを知る者として、時間がアデューであることを知る者として、レヴィナスは、アｰデューがある年齢において何を意味するのか、自分がそのときアｰデューというこの言葉をどのように用いるのか、彼がそこに込める(「いまや私が用いる表現で言えば」)ものは何なのか、こうしたことについて語っていました。彼がアｰデューという言葉に込めるのは、たとえば、私たちが指摘したばかりの〈傷つき可能性〉です。

私たちは事実上つねにこの世界のなかにいるのだということを疑っているのではない。しかし、この世界とは、私たちが変質して存在する世界なのだ。傷つき可能性は、そんな世界にアデュー〔さらば〕と言う能力である。老いていきながら、この世界にアデューと言うのだ。時間は、こうしたアデュー〔さらば〕とアｰデュー〔神ｰへ〕として持続するのである。(27)

さらに、時間としてのアｰデュー――もっと正確を期せば、「私に固有の仕方、すなわち時間を《他者》から出発して扱おうとする仕方に従って」、未来《アヴニール》としてのア‐デュー(32)と言うべきもの——そうしたア‐デューについても、次のように言われています。

それ[時間]とは、その意味(志向性なしに、すなわち見ることも見ようとする志向さえなしに、意味と言えるならばだが)に従えば、神を忍耐強く待ち望むことであり、度外れを耐え忍ぶことである(いまや私が用いる表現で言えば、ア‐デューだ)。しかし、それは待ち望まれるものを欠いた待望なのである(28)。

最後の言葉はエマニュエル・レヴィナスに譲りましょう。それは孤児のための言葉です。私たちはその言葉を、もしかすると、別の永遠なる孤児に宛てるかもしれませんが、そうすることによってその言葉の行き先を逸らすつもりはありません。その別の永遠なる孤児とは、孤児状態そのものという孤児のことです。つまり、父なき孤児、まだ「孤児」と言えればですが)であり、死んだ父のない孤児です。そうした孤児(女孤児(29)でもあります)にとって、「無限な繁殖性」や「父性の無限さ」、さらに「家庭の驚異」といったものは、禁じられた確信にすぎないでしょう。すなわち、そうしたものは、それらよりも古い問い、記憶不可能なほどに古い問いの場であり、いまだ満たされない歓待への配慮に対する救急処置にすぎないでしょう。

そこでさしあたり、この瞬間において、私たちは、レヴィナスが他の場所で、文字どおりにトーラーの「シナイでの啓示」について宣言した言葉、そして、発明されるべき翻訳、発明されるべき翻訳の思想（発明されるべきは、政治そのものも同じです）について宣言した言葉でとどめておくことにしましょう。

トーラーが天上に起源をもつというこの考えは、何を意味しているのだろうか？なるほど文字どおりの意味では、シナイでの《啓示》、テクストの神的な起源に依拠している。そのことを退けようというのではない。しかし、その言葉の生きられた意味を記述することが不可能であるとすれば、どのような経験によって意味にアプローチすることができるのかと自問してよいし、［……］元来宗教的である〈真理の超過〉という事態において想定されている翻訳が探し求められてもよいだろう［……］。トーラーが超越的であり天に属するものであるのは、世界のたんなる存在論と最終的に鋭い対照をなし決然と裁決をくだすもろもろの要請による。トーラーは、各々の存在が自己の固有存在に自然と固執する——これが存在論の基本法である——のに対抗して、*余所者、寡婦、孤児への配慮*を、*他なる人間への*[33]心配を要請するのである[30]。

注

原注

以下の注は、ヴァンゲリス・ビトソリス（Vanghélis Bitsoris）が『アデュー』のギリシア語訳（Éditions AGRA, 1996）に付したものである。

アデュー

（1）*Cf.* J. Derrida, «Donner la mort» (*L'Éthique du don*, Éd. Métailié-Transition, Paris, 1992, p. 50-51).「私の想定では、アデューは少なくとも三つの事柄を意味しうる。一、サリュ〔salut: 出会ったときや別れるときの親しい間柄での挨拶。語源は「健康」「無傷」を表すラテン語の salus で、そこからフランス語 salut は「救済」「敬礼」「賛美の表明」等の意味となる〕、すなわちあらゆる事実確認的な言語作用以前に与えられる祝福（「アデュー」はあらゆる事実確認的な言語作用以前に、

「ボンジュール」「ああ君か」「君はそこにいるね」を意味しうる。つまり何について語るにせよ、内容について語る以前に、私は君に語りかけているのである。そしてフランス語では、別れるときにではなく出会ったときにアデューと言いあう地域もある)。二、サリュ、すなわち別れるき、立ち去るときに与えられる祝福、しかもときに永遠の別れに際して(そしてこの可能性を排除することは絶対にできない)与えられる祝福(「神のご加護があらんことを!」)。この場合、永遠とは、死の契機においてこの世への回帰がないということである。三、アー デュー〔à-dieu: 神の御許に〕、すなわち全体以前における〔avant tout: 何よりもまず〕、そして他者へのまったき関係における、つまりまったく他なるアデューにおける、〈神へ向けて〉あるいは〈神の前に〉ということ。他者へのあらゆる関係は、何よりもまず〔avant tout: 全体以前に〕、そして結局は〔après tout: 全体以後に〕、一つのアデューであるだろう」。

(2) E. Lévinas, *Quatre lectures talmudiques*, Éd. de Minuit, Paris, 1968, p. 105.

(3)『タルムード四講話』の「第二講話」のこと。

(4) *Ibid.*, p. 105.

(5) *Ibid.*

(6) たとえば、*ibid.*, p. 108 を参照のこと。「たしかに万人に対する私の応答責任は、制限されながら現れることもある。すなわち自我は、この際限のない応答責任の名において、自己にも配慮するように呼びかけられることもある」。

(7)「他のすべての語を可能にする第一の語、否定性のノンや「二者のあいだで」(これは「誘惑の誘惑」である）までをも可能にする第一の語。そのような第一の語が無条件のウィであると、私たちは無謀にも主張したのではないか」（*ibid.*, p. 106）。

（8）*Ibid.*, p. 106.

（9）*Ibid.*, p. 107.

（10）Voir *ibid.*, p. 109.

（11）E. Lévinas, «La mauvaise conscience et l'inexorable», in *Exercices de la patience*, n° 2, hiver 1981, p. 111–112.

（12）たとえば、E. Lévinas, *Totalité et Infini*, Martinus Nijhoff, La Haye, 1980, p. 149–153 を参照のこと。レヴィナスは「他者の痕跡」（一九六三年）のなかで、《作品》を以下のように定義している。「実際、ラディカルに思考された《作品》とは、《同者》へ決して回帰することのない《他者》へと向かう、《同者》の運動のことである。私たちは、イタケーへ帰郷するオデュッセウスの神話にアブラハムの物語を対置したい。アブラハムは、まだ見ぬ土地のために故郷を永遠に立ち去り、そして彼の息子をこの出発点に連れ戻すことさえまかりならないと奉公人に命じる。徹底的に思考された《作品》は、《作品》のうちで《他者》へと向かう《同者》のラディカルな高潔さを要請する。したがって《作品》は《他者》への忘恩を必要とするのだ。謝恩があるとなると、まさしく運動がみずからの起源へ回帰することになってしまう」（*En découvrant l'existence avec Husserl et Heidegger*, Éd. Vrin, Paris, 1967, p. 191）。また、J. Derrida, «En ce moment même dans cet ouvrage me voici», in *Textes pour Emmanuel Lévinas*, Éd. Jean-Michel Place, Paris, 1980, p. 48–

53を参照のこと。

(13) たとえば、*Totalité et Infini, op. cit.*, p. 244-247、とりわけ、レヴィナスが豊饒さ〔fécondité: 繁殖性〕と作品とを関係づけている p. 245 を参照のこと。

(14)『出エジプト記』二六・三一。「藍色で紫色の、コチニールで緋色に染まった幕を作れ／織工の手になる撚られた亜麻で、〔……〕／その幕はお前たちのために分離するであろう／聖所と至聖所とのあいだを」(アンドレ・シュラキ〔André Chouraqui〕による翻訳。Éd. Desclée de Brouwer, Paris, 1985, p. 164)。天幕の開けは「カーテン」(七十人訳旧約聖書のギリシア語訳では epispastron)によって保護されていたが、天幕の内部では、ヴェールの「幕」(katapétasma)が「聖所と至聖所」(to hagion kai to hagion tôn hagiôn)を分離していた。

(15) Marlène Zarader, *Heidegger et les paroles de l'origine*, Éd. Vrin, Paris, 1986, p. 12-13 に付されたレヴィナスによる序文を参照のこと。

(16) *Totalité et Infini, op. cit.*, p. 281-283 を参照のこと。

(17) 一九七五―七六年度におこなわれたソルボンヌ大学(パリ第四大学)でのレヴィナスの二つの講義のうちの一つのこと。それは最初一九九一年に「死と時間」という題で *Emmanuel Lévinas* (Cahiers de l'Herne, n°60, p. 21-75)に収録されて出版され、その後、一九九三年に(同じ年度のもう一方の講義「神と存在‐神‐論」と一緒に)*Dieu, la mort et le temps* (Éd. Grasset, Paris)として出版された。

(18)「存在‐無という対概念は、良識あるもの、一切の良識と思考の対象、すなわち人間的なもの全体の究極的な準拠点である。そうした存在－無の対概念に、もしかすると時間の持続の意味は準拠づけられてはならないのかもしれない。死とは、時間の持続において、時間がみずからの忍耐全体を、待機の志向性を拒絶する待機を、引き出してくる先端点である。「忍耐と時間の長さ」と格言は言う〔ラ・フォンテーヌ『寓話』に由来する、「忍耐と時間の長さは力ずくよりも激情よりも多くのことを為す」という格言がフランス語にある〕。受動性の誇張としての忍耐。ここからこの講義の方向性が出てくる。すなわち時間の忍耐としての死が重要なのである」（*Dieu, la mort et le temps, op. cit.*, p. 16）。

（19） Voir *ibid.*, p. 122.「私たちは他人の顔のうちで死と出会う」。

（20） *Cf. ibid.*, p. 17.「死とは、存在者たちを生けるものとして現れさせていたもろもろの表出運動（つねに応答である運動）が、存在者たちにおいて消滅することである。死が打撃を与えるだろうものは、何よりもまず表出運動の自律性ないし表出性であり、すなわち、ある者をその顔において覆い隠すまでにいたる運動の自律性ないし表出性なのだ。死とは答えなしである」。

（21） *Cf. ibid.*, p. 20.「死は治療不可能な隔たりである。すなわち生物学的な運動が、意味作用への、表出への一切の依存を失ってしまうのだ。死は分解である。死とは答えなしである」。

（22） *Ibid.*, p. 47.

（23）「死は、哲学と宗教の全伝統において、無への移行として、あるいは新たな舞台装置のなかで延長されるもう一つ別の実存への移行として解釈される」（*Totalité et Infini, op. cit.*, p. 208）。

（24） Voir *ibid.*, p. 209.「私たちが無としてのそれ［死］に、いっそう深い仕方で、いわばアプリオリな仕方で接近するのは、殺人の情念においてである。この情念の自然発生的な志向性は無化を目指す。カインはアベルを殺害したとき、死を無と考えたはずである。死を無として同定することは、殺害における《他者》の死に適合する」。

(25) Voir *ibid.*, p. 209.「死を無として同定することは、殺害における《他者》の死に適合する。しかし同時に、この無は一種の不可能性として現れる。実際、私の道徳意識の外では《他人》は《他人》として現れえないのであり、《他人》の顔とは、無化が道徳的に不可能であることの表出なのだ。なるほど、この禁止命令は純然たる不可能性ではなく、みずからが禁止する当の事柄の可能性を前提してはいる。しかし実はこの禁止命令は、禁止される事柄の可能性を前提するどころか、そうした可能性そのもののうちにすでに宿っているのだ。すなわち、禁止命令はみずからが禁止する事柄の可能性に事後的につけ加わるのではなく、私が消し去ろうと欲する眼の奥底そのものから私を見詰め、墓のなかからカインを見詰める眼差しのように、私を見詰めるのである」。

(26) *Cf. Dieu, la mort et le temps, op. cit.*, p. 123.「死が隣人の近さのうちに惹起する問い＝審問〔question〕、すなわち逆説的にも隣人の死への私の応答責任である問い＝審問、そうした問い＝審問を際立たせること。死によってわれわれは《他人》の顔へ開かれるのであり、《他人》の顔は「汝、殺すなかれ」という指令の表出である」。

(27) *Cf. ibid.*, p. 23.「死は治癒であると同時に不能である。この両義性は、もしかすると、死が存在／非存在の二者択一のなかで思考される意味次元とは別の意味次元を標示しているのかもしれない。両義性すなわち謎」。

（28）Voir «La mauvaise conscience et l'inexorable», in *Exercices de la patience, op. cit.*, p. 113.

（29）レヴィナスは以下のような仕方で、死を「例‐外」として定義している。「他人の死との関係は、他人の死についての知でもなければ、死が存在を無化する（一般に思われているように、死の出来事がそうした無化へ縮減できるとして）仕方そのものを経験することでもない。この例‐外的な関係（例‐外とは、系列の外へ摑み出すことである）について、知は存在しない」（*Dieu, la mort et le temps, op. cit.*, p. 25）。

（30）Voir *ibid.*, p. 54.「自分自身が死に巻き込まれるほど私が責任を有するのは、他者の死についてである。もっと受け入れやすい命題で言えば、次のように示されるかもしれない。すなわち、「他者が死すべきものであるかぎりにおいて、私は他者に責任を負う」。他者の死、それこそが第一の死である」。

（31）*Cf. ibid.*, p 199.「他人へのこの応答責任は、〈他者のための＝代わりの一者〔l'un-pour-l'autre: お互いのため＝お互いの代わり〕〉として構造化されている。その構造は、他者の人質であること、すなわち自己への一切の回帰以前に、いわゆる取り換え不可能なものという自己の同一性そのものにおいて人質であること、ここにまでいたる。つまり自己自身の外見をまとった他者のために、他人の代わりになることにまでいたるのである」。

（32）*Ibid.*, p. 21.

（33）*Ibid.*, p. 25–26.

（34）これは「未知なるものの認識〔Connaissance de l'inconnu〕」というテクストのことであり、最

初 *Nouvelle revue française*, n° 108, 1961, p. 1081–1095 に発表された。一九六九年に *L'Entretien infini* (Éd. Gallimard, Paris, p. 70–83) に再録。

(35) Voir *L'Entretien infini*, *op. cit.*, p. 72. 「――[……] つけ加えて言えば、私たちがこの認識不可能なものと交渉をもつことができるとしたら、それはまさしく恐れあるいは不安のうちにおいてであり、あるいは非哲学的だとしてあなたが忌避した脱自的な運動の一つにおいてなのだ。そこでこそ、私たちは《他者》についてなにがしかの予感をもつ。《他者》は私たちを捉え、揺り動かし、心を奪い、私たちを私たち自身から取りあげる。――だが、それはほかでもない、私たちを《他者》に変えるためなのだ。認識(それが弁証法的で、お望みのあらゆる仲介物を介したとしても)が、主観によって客観を、同者によって他者を我有化するにせよ、つまり究極的に言えば、未知のものを既知のものへ縮減するにせよ、激しい不安による拉致はさらに悪しき何かを含んでいる。というのも自我は自己を喪失し、同者は自己疎外を起こし、不名誉にも自我とは他のものへ変容されてしまうからだ」。

(36) *Cf. Dieu, la mort et le temps*, *op. cit.*, p. 134. 「私の死すべき運命、私が死刑判決を受けていること、死に瀕した私の時間、不可能性の可能性ではない純粋な拉致である私の死。こうしたことが、他人への私の応答責任の無償性を可能にする不条理である」。

(37) *L'Entretien infini*, *op. cit.*, p. 73–74.

(38) *Cf. Totalité et Infini*, *op. cit.*, p. 59–60. 「《他人》は、私が他人を発見する際の眼差しとは比較不可能な眼差しによって、私を測定する。《他人》が位置する高さの次元は、存在の第一の湾曲

〔《他人》の特権はそこに由来する〕のごときものであり、超越の脱水平化〔高低差〕である。《他人》は形而上学的なのだ。［……］《他人》との関係は、認識の場合と違って、享受や所有、すなわち自由へ変わることはない。《他人》は、自由を支配する要請〔exigence: 外へ動かすこと〕として、つまり自我のうちで生じるすべてのことよりも根源的な要請として課される。［……］《他人》の現前――これは特権的な他律性である――は自由と衝突するのではなく、自由を供給するのである」。

(39) *Cf. ibid.*, p. 62.「他人の迎え入れ――この用語は能動性と受動性とが同時であることを表現している――は、他者との関係を、事物に適用される二分法の外に、すなわちアプリオリとアポステリオリ、能動性と受動性といった二分法の外に置く。しかしまた私たちが示したいのは、定立と同一視された知から出発しながらも、この知の真理がいかにして他人との関係へ――換言すれば、正義へ――私たちを連れ戻すのか、ということである」。

(40) *Ibid.*, p. 282.「存在を《欲望》として、善良さとして措定することは、後になって彼方を目指すような自我を前もって孤立させることではない。それは次のことを肯定することである。すなわち、内側から自己を把握する――自我として自己産出する――ことは、外へ‐向かうため、表明するために、自我が把握するものへの応答責任を負うために、すなわち表出するために、すでにして自己を外部へ転回させることであり、その自己転回の挙措そのものによって自己を把握することなのだと、意識化はすでにして言語作用なのだと、言語作用の本質は善良さなのだと、さらに言語作用の本質は友愛であり歓待なのだと、肯定することである」。

(41) 一九三〇年に試問され公刊された第三課程博士号『フッサール現象学の直観理論』の仕事を

参照のこと。

（42） *Théorie de l'intuition dans la phénoménologie de Husserl*, Éd. Vrin, Paris, 1930, p. 7.

（43） *Ibid.*, p. 14.

（44） *Ibid.*, p. 15.

（45） *Ibid.*

（46） たとえば、*Dieu, la mort et le temps*, *op. cit.*, p. 133 を参照のこと。「してみれば、他者の外傷は他人から到来するのではないだろうか」。

（47） まず最初に、デリダの «En ce moment même dans cet ouvrage me voici» (in *Textes pour Emmanuel Lévinas*, *op. cit.*, p. 21-60) というテクストの大部分は、ある意味で、この表現に関する長大な注釈とみられる、と言いたくなるだろう。そのテクストは「我ここに」という表現のレヴィナスの用法と解釈にかかわるばかりでなく、デリダ固有の批判的パースペクティヴにもかかわっている。レヴィナス自身は、『存在するとは別の仕方で』(*Autrement qu'être ou au-delà de l'essence*, Martinus Nijhoff, La Haye, 1978, p. 186) の注のなかで、はっきりと『イザヤ書』(六・八)を参照している。「私は称えられるべき主の声を聞いた。「誰を遣わすべきか？／誰が私たちのために〔代わりに〕行くべきか？」私は言った。「我ここに！　私を遣わしてください！」」(アンドレ・シュラキ訳)。七十人訳旧約聖書では、ヘブライ語の文言 hineni と同義のギリシア語は idou egô(逐語的にフランス語に訳せば voici moi〔「私がここに」〕)となっており、人称代名詞が主格に置かれていることを指摘しておこう。他人への応答責任との関係で対格〔accusatif: 訴訟における告発対象〕に置かれた代名詞 je の意味について、レヴィナスは『存在するとは別の仕方で、あるいは本質の彼方』のなかで次のように説明している（*op. cit.*, p. 180-181）。「応答責任のうちにある主体《シュジェ》〔主語〕は、自己の同一性の奥深いところで自己疎外を起こすが、その疎外は《同者》からその同一性を除去せずに、むしろ拒否不可能な指定によって《同者》を同一性に縛りつけるのであり、その結果、主体は、誰も〔personne〕代替しえない人格〔personne〕としてみずからを同一性に縛りつける。概念外の唯一性、狂気の種子としての心、すでに精神病である心、《自我》ではなく指定された我。責任逃れなしに代替されることが不可能なあり方のなかで、応答責任の応答のために同一性へと指定されてあること。放免なきこの緊迫せる指令に対しては、「我ここに」としか応答することができず、〔主格だったはずの〕代名詞「私」は対格になる〔me voici の me は本来は対格。「ここに私を見る」〕。その場合、代名詞「私」は一切の曲用以前で曲用され、他者によって憑依され、病に侵され、同一的である。我ここに――すなわち、麗しき言葉〔約束〕の贈与でも唱歌の贈与でもない霊感によって言うこと。与えることへの拘束、広げた両手への拘束、したがって身体性への拘束」。

(48) *Dieu, la mort et le temps*, *op. cit.*, p. 16.

(49) *Cf. ibid.*, p. 134.「この問い――死の問い――は、それ自身が応答でもある。それは他者の死への私の応答責任である。倫理次元への移行は、この問いへの応答をなす。見定めるでも幻視するでもない仕方で《同者》を《無限》へと変転させること、それが問いである。それは応答でもあるが、しかし魂の自己自身との対話などではいささかもない、そんな問いである。問い、祈り――

それは対話以前の事柄ではなかろうか?」

(50) Voir «La mauvaise conscience et l'inexorable», in *Exercices de la patience*, *op. cit.*, p. 112–113.「《無限》は終端〔項〕にいたる思考にとっては意味をなさないし、ア－デューは合目的性ではない。栄光という語が存在の彼方で意味することは、もしかすると、ア－デューないし神への恐れが終末論的なものに還元不可能であるということなのかもしれない。この還元不可能性によって、人間のうちで意識が中断される。すなわち、存在論的な固執によって存在へと赴いていた意識、あるいは究極的な思考と取り違えられた死へと赴いていた意識が、中断されるのである。存在と無の二者択一は究極的なものではない」。

(51) *Ibid.*, p. 113.

迎え入れの言葉

(1) *Le vocabulaire des institutions indo-européennes*, Éd. de Minuit, 1969, t. 1, p. 87 *sq.*

(2) *Totalité et Infini*, p. 22.《主＝師〔Maître〕》、「主＝師の迎え入れ」、「他人の迎え入れ」に関するこうした思考については、p. 73-74 ほか各所を参照されたい。そこでは表出概念が、教えと「受け取り」の同じ論理によって規定されている。「与えられたものを受け取ること――それはすでにして、与えられたものを教えられたものとして、すなわち《他人》の表出として受け取ることである」(p. 64)。

I

（1）*Totalité et Infini*, p. 276. 強調デリダ。

（2）*Ibid.*, p. 66.

（3）このことを私は他のところで、異なったルートで、すなわちシュミットの決断主義に関する議論のなかで証明しようと試みた。私はそこで、「受動的決断」「無意識的決断」「他者の決断」とは、「他者の名において与えること」の意味を知ることだと言った。それによって私が主張しようとしたのは、「主体の理論は決断をいささかも説明できない」（*Politiques de l'amitié*, Éd. Galilée, 1994, p. 86-88）ということだった。私はそのとき主体に関する伝統的で支配的な規定を参照していたが、それは当該の規定を問いに付すためだったのであり、そもそもその規定は、他の誰よりもシュミットその人が引き受けているように思われる規定であった。レヴィナスが主観性を定義しなおすときに特権視する主体規定は当然それとは異なるものである。もう少し先のところでこの件に立ち戻ることにする。

（4）«Subjectivité et vulnérabilité», in *Humanisme de l'autre homme*, Éd. Fata Morgana, 1972, p. 93.

（5）「[……]それ[顔の観念]が意味するのは、存在者が存在よりも哲学的に先行するということであり、権能にも所有にも依拠しない外在性のことである。この外在性は、プラトンに見られるような想起の内在性に縮減されえないが、しかし迎え入れる自我を庇護するのである」（*Totalité et*

Infini, p. 22)。

もちろん、こうした「庇護」は、迎え入れ、アｰナーキー〔脱ｰアルケー〕、反時間性《アナクロニー》、《他人》の超越によって命じられる無限な非対称性などと同じく、来たるべきあらゆる難問の名や場となる。《他人》の無条件な迎え入れのなかで、健全かつ無事な「自我」はどうなるのだろうか？　この別の主観性の倫理的な主従化〔sujétion〕のなかで、「自我」の生き延びや免責〔immunité: 免疫、Ⅵの訳注〔13〕（二九八頁）を参照〕や救済《サリュ》はどうなるのだろうか？

（6）*Totalité et Infini*, p. 52-53.

（7）*Ibid.*, p. 66.

（8）*Ibid.*, p. 58.

（9）*Ibid.*, p. 54. 強調デリダ。「言説におけるこうした正面からの接近を、私たちは正義と呼ぶ」とレヴィナスは言っている(p. 43)。そのときレヴィナスはこの言い回しを強調しており、そうすることで第三者の出現以前の正義について定義をおこなっていると思われる。しかしその場合、この「以前」のための席はどこかに存在するだろうか？

（10）*Autrement qu'être ou au-delà de l'essence*, p. 191. すでに『全体性と無限』は、第三者の「不可避な」審級を「言語」と「正義」として（これらの単語を用いて）迎え入れている。たとえば、*Totalité et Infini*, p. 188, 282 等々を参照のこと。この問題にはまた後で立ち返ることにする。

（11）*Autrement qu'être ou au-delà de l'essence*, p. 84.

（12）*Ibid.*, p. 200. この「《言うこと》における矛盾《コントラディクシオン》〔反言〕」は、もしかすると、あの（幸運にして不幸な）宿命、すなわち身代わりというあの《法》、《法》としての身代わりに起因するのかもしれない。すなわち、他者の代替不可能な単独性との対面が第三者によって中断される（遠ざけられる）ことなしに中断される（遠ざけられる）という、あの事態に起因するのかもしれない。だからこそ、『全体性と無限』（p. 43）では、「言説におけるこうした正面からの接近を、私たちは正義と呼ぶ」と書いていたにもかかわらず、ここでレヴィナスは遠ざけること――しかもそれは正義である――について語るのである（「他者と第三者は［……］彼らから私を遠ざける」）。

（13）これこそ、私がレヴィナスの仕事に取り組んだ二つの試論（«Violence et métaphysique», in *L'écriture et la différence*, Éd. Le Seuil, 1967, «En ce moment même...», in *Psyché...*, Éd. Galilée, 1987）のなかで、繰り返し登場する分析主題の一つである。

（14）«Paix et Proximité», in *Emmanuel Lévinas*, Cahiers de la nuit surveillée, 1984, p. 345. レヴィナスによる強調は「唯一者」の語のみ。

（15）「自我は、その倫理的な立場において、《都市国家》に由来する市民から区別され、また個人からも区別される。個人は、その自然なエゴイズムにおいて一切の秩序に先立つが、ホッブズ以来、政治哲学はそうした個人から《都市国家》の社会秩序あるいは政治を引き出すことを試みる――あるいは達成する――のである」（«La souffrance inutile», *ibid.*, p. 338）。

（16）*Totalité et Infini*, p. 176–177.

（17）ここで私たちは、裏切りのつねなる可能性を意志に思い出させる『全体性と無限』のいくつかの言表の字面に、思いのほか接近している。「本質的に侵犯されうる意志――それはみずからの本質のうちに裏切りを含んでいる」(p. 205)。「このように意志は裏切りと忠実さとのあいだで動くのであり、この裏切りと忠実さは同時的なものとして、意志の権能の独自性をあらわにする」(p. 207)。強調デリダ。

(18) たとえば、*Totalité et Infini*, p. 22, 54, 58, 60, 62, 66, 74, 128, 276, etc.。

(19) *Ibid.*, p. 128. 強調デリダ。

(20) *Ibid.*, p. 128-129. ここでレヴィナスが強調している語は「あなた〔*vous*〕」と「きみ〔*tu*〕」のみ。

(21) *Ibid.*, p. 129. 強調デリダ。

(22) 「テュトワマンの異例の廉直さのうちに《他者》が公現するという解釈は、《他者》の現前によって正当化されたが、そうした《他者》の現前の絶対性はたんなる現前ではない……」(«La trace», in *Humanisme de l'autre homme*, p. 63)。このテクストが彼性を、すなわち「《自己自身》、自己性によっては定義しえない《三人称》」を、存在の彼方に位置づけることを思い起こさなくてはならない。この彼性の「彼」は不可逆性と「不正確さ」によって印づけられるが、この場合の「不正確さ」はいかなる否定的な含意ももたないと思われる。逆にある種の「正確さ」は、この彼性の超越を縮減しかねないだろう。*Cf.* p. 59.

(23) *Totalité et Infini*, p. 131.

(24) *Ibid.*, p. 236.

(25) *Ibid.*, p. 238.

(26) *De l'existence à l'existant*, Fontaine, Paris, 1947.

（27） *Le temps et l'autre*, 1947, repris aux PUF（Quadrige）en 1983.

（28） *De l'existence à l'existant*, p. 144-145.

（29） *Le temps et l'autre*, p. 77-79.

（30） *Totalité et Infini*, p. 232. 強調デリダ。

（31） *L'étoile de la rédemption*, trad. A. Derczanski et J.-L. Schlegel, Éd. Le Seuil, 1982, p. 355. レヴィナスも «L'étrangeté à l'être», in *Humanisme de l'autre homme*, p. 97 のなかで『レビ記』の次の節（二五・二三）を引用するだろう。「いかなる地も最終的に譲渡されることはないだろう。なぜなら大地は私のものだからだ。お前たちは異邦人にすぎず、私の家に住まわされたものにすぎないのだ」。

ドルム訳（プレイヤード版）――「大地が永遠に売られることはないだろう。なぜなら大地は私のものだからだ。それに対して、お前たちは私の家の客人で在留者なのだ」。

シュラキ訳――「大地が決定的に売られることはないだろう。そうだ、大地は私のものなのだ！／そうだ、お前たちは私とともにいる余所者であり住民なのだ」。

（32） «En ce moment même dans cet ouvrage me voici», in *Textes pour Emmanuel Lévinas*, Place, 1980, repris in *Psyché, Inventions de l'autre*, Éd. Galilée, 1987.

先に注記しておいたように、レヴィナスはかなり後になって、とりわけ一九八五年に、こうした命題の論理を見直すことになる。「私は『時間と他者』という題名の小さな書物を書いた頃、女性性とは他性の一つの様態――あの「他のジャンル」――だと考えており、セクシュアリティとエロティシズムは、集合に属する項の形式的な他性に還元不可能な他者に対して〈無関心でないこと〉だと考えていました。今日では、もっと遠くまで遡る必要があると考えています。他人の顔の曝け出し、その裸形性、その「絶対的な要求」は、女性的なものの前提となる様態であると考えています。すなわち隣人の近さこそが、形式的ではない他性なのです」（L・アデール〔L. Adert〕とJ＝Ch・エシュリマン〔J.-Ch. Aeschlimann〕によって『コンストリュイール』誌（チューリッヒ）に一九八五年二月に載録された発言）。しかし、すでに『存在するとは別の仕方で、あるいは本質の彼方』のなかで、新たな皮膚の現象学、皮膚が傷や愛撫へ曝け出されてあることを論じる新たな現象学が、「応答責任をエロス以前に」（*Autrement qu'être*... p. 113）位置づけている。

（33）「官能のなかで恋人たちのあいだに打ち立てられる関係〔……〕は、社会関係とは正反対である。それは第三者を排除し、親密さ、二人だけの孤独、閉じた社会、格別の非－公共であり続ける。女性的なもの、それは〔相方としての〕《他者》であり、社会を受けつけないものであり、二人だけの社会、親密社会、言語なき社会の片割れである」（*Totalité et Infini*, p. 242）。

（34）*Ibid.*, p. 131.

（35）*Ibid.*

Ⅱ

（1）これはレヴィナスが一九六八年に、《La substitution》, in *Revue Philosophique de Louvain*, Tome 66, août 1968, p. 491 の第一稿のなかで、一度 *a* つきで書きかけた語である。《essance》と

いう語は *De Dieu qui vient à l'idée*, Éd. Vrin, 1982, p. 164 でも登場する。〔フランス語で「本質」という単語は essence であるが、レヴィナスは ess*e*nce の e を a に代えて用いることがある。その意図は、Ⅰの訳注〔21〕（二八五頁）で解説したように、デリダが diff*é*rence（差異）を diff*é*r*a*nce（差延）と書き換える時と同様に、能動態とも受動態とも、さらには中動態とも捉えきれない動態を示そうとしている点にあると思われる。〕

（2）*Totalité et Infini*, p. 281.

（3）*L'Au-delà du verset*, Éd. de Minuit, 1982, p. 228.

（4）*Totalité et Infini*, p. XII.

（5）*Ibid.*, p. 282.

（6）*Archives de philosophie*, T. 34, Cahier 3, juil.-sept. 1971, p. 388, repris dans *Autrement qu'être…*, p. 120.

（7）たとえば、*Autrement qu'être…*, p. 230 を参照のこと。

（8）*Totalité et Infini*, p. 274.「かくして、私たちは《中立的なもの》の哲学と絶縁したという確信をもつ。それはすなわちハイデガーの存在者の存在との絶縁であり、ブランショの批評作品は存在者の存在の非人称的な中立性を浮き彫りにすることに多大な貢献をした……」。

　ブランショの作品で書き続けられる《中立的なもの》の思考は、ここでレヴィナスが《中立的なもの》として理解するものにいささかも還元されるがままにならないから、ここには計り知れない深淵な任務が開かれたままである。レヴィナス自身このことをずっと後になって、まさしく

《中立的なもの》と《……がある《イリヤ》》について示唆することになる。「……モーリス・ブランショの作品と思考は、同時に二つの方向で解釈されうる」(*Maurice Blanchot*, Éd. Fata Morgana, 1975, p. 50)。そう、少なくとも二つの方向があるのだ。

(9) *Totalité et Infini*, p. 129. この分析は「エロスの現象学」という章のなかで、心揺さぶると同時に問題含みの仕方で展開される。この分析自体は、「時間と他者」というタイトルのもとに集められた一九四六年から一九四七年にかけての複数の講演によって、すでに準備されていた。そこでは、私たちがすでに強調したように、性の差異は「なんらかの種差」の彼方で、「形式的な構造」として分析されている。それは「矛盾」あるいは「相補的な二項の二元性」の彼方にあり、「現実をもう一つ別の意味＝方向《サンス》へ切り出し、パルメニデスが宣言した存在の一者性に対抗し、多数多様体《ミュルティプル》としての現実の可能性そのものを条件づける」(*Le temps et l'autre*, p. 77–78)。女性性は身を隠すべく、「光の前から逃亡」し「恥じらう」べく定められており、つまりはヴェールをまとうこと／剝ぐことに対して、すなわちある種の真理規定に対して、他者性によって抵抗するあらゆるものを表象＝代表《ルプレザント》しているのである。実はそれは他者性そのものである。「他者性は女性的なものにおいて成就する」(*ibid.*, p. 79–81)。

(10)「開けは複数の意味で理解されうる」という文言が、《Subjectivité et vulnérabilité》, in *Humanisme de l'autre homme*, p. 92 にも見られる。第一の意味は、一つの客体が他のすべての客体へ開けることにかかわり(カントの経験の第三アナロジーへの参照)、第二の意味は志向性ないし脱‐存の脱自[l'extase de l'ek-sistence](フッサールとハイデガー)にかかわるという。「第三の意味」はレヴィナスにとってはるかに重要である。それは、「曝け出された皮膚の裸出」の意味、すなわち「表示可能なあらゆるものの彼方で、冒瀆と傷のうちで差し出された皮膚の傷つきやすさ」の意味である。それは「愛撫に差し出された」「感受性」であるが、そればかりでなく、「敵の接近時にも開かれていることを宣言した街のように、開かれた」「感受性」でもある。無条件な歓待は、このような傷つきやすさであるだろう――受動的で曝け出さていると同時に引き受けられた傷つきやすさでもあるだろう。

（11） *Totalité et Infini*, p. 276.

（12） *Ibid.*

（13） *Autrement qu'être...*, p. 142.

（14） *Ibid.*, p. 145. また、p. 150, 164, 179, 201, 212 も参照のこと。

（15） ここで『哀歌』の一節（三・三〇）が暗示されているわけだが、他のところでは、この一節がキリスト教によって、悲壮な仕方で、屈辱の苦行として、さらにはマゾヒズムとして回収されてしまったことに、慎ましやかな異議申し立てがおこなわれている。「傷つき可能性は、型や衝撃を受容する受動性以上（あるいはそれ以下）のものである。［……］「彼は自分を打つ者に頬を差し出す、あるいは恥を堪能する」と、ある預言書は見事に述べている。この預言書は、苦しみないし辱めの断固とした追求（他方の頬を差し出すこと）などを介在させることなく、第一の受苦のなかに、受苦としての受苦のなかに、耐えがたくつらい同意があることを示唆している。この同意が奇妙にも受動性の意に反して受動性を賦活するのだが、受動性それ自体は力も意図ももたないし、意に沿うとか反するとかいうこともないのである」(«Subjectivité et vulnérabilité», in *Humanisme de l'autre homme*, p. 93)。

(16) *Autrement qu'être...*, p. 142.

(17) ここでもまた、バンヴェニストがおこなった分析を参照してもらいたい(『インド＝ヨーロッパ諸制度語彙集』の歓待にあてられた章(第七章「客人歓待制度」))。彼の分析も一つの読解と多くの問いを呼び招くだろうが、それはさしあたり宙吊りにしておかざるをえない。

Ⅲ

(1) *Autrement qu'être...*, p. 151.

(2) *Ibid.*, p. 143.

(3) *Ibid.*, p. 158. 直前の頁では、唯一の主体——逆説的に身代わりという置き換えの下に置かれたものとして唯一無二の、代替不可能な主体——における選びと応答責任との結びつきをめぐる問いに肯定的な答えが与えられている。「《善》は、人質としての応答責任のうちに認められる選びによって主体を選んだのではなかったか？　主体はこの人質としての応答責任へ定められており、自己に背くことなしにこの応答責任を免れることはできず、この応答責任によってこそ主体は唯一者なのだ」。この状況の分析はある絶対的な遅延を考慮する。この遅延は、現在(現前的なもの)の権威や想起による現前化の権威を崩壊させるのであり、道徳主体(たとえば、みずからが「望んだわけではまったくない」悪の責任をとらされるヨブのような道徳主体)の応答責任を限界づけるのではなく、道徳主体の自由を限界づける。そしてこの遅延によって人質の論理全体が宙吊りにされ、小児的あるいは前‐批判的な自発性よりも古いウィ、「批判への曝し出し」としてのウィの無条件さに従属させられるのである。

すでに『全体性と無限』のなかでデカルトが出頭させられ、証人として要請されていたが（「デカルトの第三省察が反駁の余地なく証言した……」）、それはまさしくエゴ・コギト〔我思う〕が書き込みなおされる瞬間であった。そのときエゴ・コギトは自己の選びに従属した主体となり、第一のウィに二次的にウィと応答する責任を負う。ここでいう第一のウィとは、あらゆるウィと同じく、たとえそれが第一のものであろうとも、それ自身がすでに応答であると、そのように私たちが先に語ったところの、あの第一の呼びかけである。「懐疑によって自己を表明する、否定性における自我は、分有を破断する。しかしその自我は、ただコギトのうちにのみ最終判決を見出すのではない。ウィと言いうるのは私ではない――それは《他者》である。《他者》から肯定が到来するのだ。《他者》は経験の始まりにある。デカルトは確実さを探し求め、この目もくらむ下降における最初の次元変更の段階から、すでに歩みを止めた［……］。無限の観念を所有することは、すでに《他人》を迎え入れたということなのである」（*Totalité et Infini*, p. 66）。他者からのこのウィを迎え入れたこと、分離において、他の仕方で言えば、その聖性において、この無限に対して敬意を表《サリュエ》すること、それがア‐デューの経験である。《アデュー》は死を待たずとも、存在しないかぎりでの《他者》、存在の彼方から呼びかけるかぎりでの《他者》との関係において、呼びかけ、応答し、敬意を表する。存在の彼方の神へ《ア・デュー》。そのとき、信のウィは、ある種の無神論と、あるいは少なくとも(存在の彼方に)神が実在しないことに関するある種の思考と両立不可能ではない。私たちは後で、レヴィナスがア‐デューという語を連れ出し鍛え上げることができた用法に、さらに遠くまで接近しよう。ア‐デューの経験は沈黙のままにとどまることもあるが、それでもやはり忌避することはできない。私たちがここで語っている(たとえ声低くであれ)のはこの経験のなかでであり、私たちが戻っていくのも、この経験の方へ、あの無限に困難な思考の方へである。レヴィナスがフランス語のなかで、フランス語の特有表現《イディオム》を使って、フランス語の特有表現へ宛てて、異例のチャンスを、稀なるエコノミーを与えたあの思考。一言で言えば、唯一無二《ユニーク》の、古いもの以上の、開闢の思考であるが、しかしそれはまた同時に代替可能な思考でもある。つまり、もちろん、つねに文言によって翻訳されうるということであり、したがって、つまらないおしゃべりに曝されているということである。

(4) *Totalité et Infini*, p. 188. 第三者の問いは『全体性と無限』のなかに現前する(それは見てのとおりだ)ばかりでなく、そこで議論されてもいる。したがって、レヴィナスが対話者のひとりにおこなっているように思われる譲歩には、少しばかり驚かされる。『全体性と無限』は、第三者と正義の主題について、いまだ適切な分析をおこなっていなかったと、レヴィナスはそう同意しているようなのだ。「……「正義」という語は他人との関係よりもはるかに第三者との関係のほうに当てはまるものです。本当は、他人との関係はただ他人との関係だけではありません。他人のうちには、すでに第三者が表象されているのです。他人の出現そのもののうちで、すでに第三者が私を見詰めているのです[……]。いずれにせよ、あなたの区別は正しいです[……]。『全体性と無限』で使用されている存在論的な言葉は、最終的な言葉では全然ありません。『全体性と無限』では、言葉を特に心理学的にしたくなかったので、存在論的になっているのです」(*De Dieu qui vient à l'idée*, p. 132-133)。

（5）*De Dieu qui vient à l'idée*, p. 114.

（6）*Autrement qu'être...*, p. 155. 強調デリダ。

（7）«La trace», in *Humanisme de l'autre homme*, p. 63.

（8）*Ibid.*

（9）*À l'heure des nations*, Éd. de Minuit, 1988, p. 112.

（10）*L'Au-delà du verset*, p. 226.

（11）それは一般論的ではあったが、とりわけ兄弟性に関するレヴィナスの思考をめぐるものだった(*cf. Politiques de l'amitié*, Éd. Galilée, 1994, p. 338)。レヴィナスはこの問題について、他の誰よりも、「徳論の形而上学的定礎」(『人倫の形而上学』第二部、第四六―四七節)と「倫理学的原理論」〔同書〕のカントに近い。私はそのカントの分析を長々と試み(*ibid.*, p. 283-294)、「したがって、友愛を兄弟性として規定〔限定〕することは、倫理について何か本質的なことを私たちに告げている」と示唆しておいた。

カント「ここでは、万人の幸福を欲する普遍的な父に従う兄弟として、すべての人が表象されている」〔「倫理学的原理論」の結論部〕。

レヴィナス「人間的なものの身分規定そのものが、兄弟性と人類観念を前提にしている〔……〕」。

他方で、兄弟性は父の共通性を前提としており、あたかも類の共通性では十分な和解が不可能であるかのようである」(*Totalité et Infini*, p. 189)。

家族の彼方のこの兄弟性の運命を、正義と政治的なものの領域にまで追跡するためには、レヴィナスが(ついでのように)唯一性との非 - 合致について、つまり自己との非 - 合致について述べる内容を考慮に入れる必要がある。この非 - 合致は平等の闖入であり、すなわちすでに第三者の闖入である。「絶対的な異邦人として私を見詰める顔を前にした私の応答責任――そして顔の公現は、絶対的な異邦人と私の応答責任の両方の契機に合致する――こそが、兄弟性に独特の事態である。父子関係《パテルニテ》は因果関係ではない。それはある種の唯一性――すなわち父の唯一性がそれと合致すると同時に合致しない唯一性――の創設である。この非合致は、具体的に言えば、兄弟としての私の立場《ポジシオン》に存し、私の傍らに他の唯一者たちが存在することを前提とする。したがって、私が私であるという唯一性は、存在充足と同時に私の部分性をも、すなわち顔としての他者の面前における私の立場をも集約している。この顔の迎え入れにおいて[……]平等が創設される[……]。平等を顔の迎え入れから切り離すことはできない。平等は顔の迎え入れの契機なのである」(*ibid.*)。

この分析はさらに「超越と繁殖性」、とりわけ「子であることと兄弟性」の箇所で発展させられるが、その様子をさらに遠くまで追跡する必要もあるだろう。そこでは、子であることは、何にもまして、そしてもっぱら、「父 - 息子の関係」として規定〔限定〕されている。子であることによって、またもや平等は選びのなかに書き込まれる。「父の息子はそれぞれ唯一の息子であり、選ばれし息子である。〔……〕唯一の子＝一人っ子だ」。そして、この「家庭という奇妙な状況」のおかげで、「兄弟性は、私の選びと平等とがともにそこで成就される顔との関係そのものなのである」。それから次に、「家庭それ自体の構造を包括する」、「第三者」と社会的 - 政治的な「私たち」が演繹される（*ibid.*, p. 255-257）。また、*Autrement qu'être*..., p. 179, 194 et *passim* も参照のこと。「……人間的な兄弟性――すなわち、自分の兄弟を守護する一者、他者について責任をもつ一者――こうした人間的な兄弟性のなかに書き込まれた〈お互いのために＝お互いの代わりに〔l'un-pour-l'autre: 他者のための一者〕〉の構造」、これこそが「プラトンには理解しがたい」ままにとどまり、「その父パルメニデスに対する父親殺しを犯させなければならなかった」ものである。「人類の統一性は、まさに兄弟性以後のものである」（*ibid.*, p. 211）。

（12）*À l'heure des nations*, p. 112-113.

（13）この身代わりの言説は、何よりもまず深淵な歴史の奥底から呼び戻される。今しがた私たちはレヴィナスを引用しながら、「ユダヤ - キリスト教的な精神性」について話していた。いつか必要となる作業は、何よりもまず、この「ユダヤ - キリスト教的な精神性」のなかにイスラムを呼び戻し、その声が聞こえるようにするために、多くの親和性、類似、類義と同形異義を辛抱強く問うことである。そうした親和性が、偶然の交差（当事者たちが知らないこともある交差）であるにせよ、さらに深い必然性（人を困惑させたり、曲解されたりする必然性）であるにせよ。最も緊急の（だがおそらく最も注目されていない）例は、フランスでは、やはりルイ・マシニョン〔Louis Massignon〕による身代わりについてのもう一つ別の思考である。身代わりは、まさしくその名のもとで、マシニョンの作品と冒険の全体を貫いている。「身代わり」という概念語は、ユイスマンス——そもそもレヴィナスはユイスマンスにとても早くから、すでに『実存から実存者へ』のときから、「一九四〇年と一九四五年のあいだ」の時期に言及していた——から継承され、そしてマシニョンが忠実であり続けるある種のキリスト教神秘思想の伝統（ブロワ、フーコー〔Charles Eugène Foucauld (1858-1916)〕、『人質』の著者クローデル、等々）を通じて継承されたものである。「身代わり」という概念語によって、マシニョンは「神聖な歓待」の思考を着想する。マシニョンが参照する創設的な出来事は、アブラハム——あるいはイブライム——の歓待であり、そして一九三四年のバダリヤ——これは「身代わり」のアラビア語の語彙系に属する単語——の設立である。「私たちはあの魂たちの代わりに私たちの出費で身代金を払い、彼らの身代わり«fil badalya» になろうと欲するが、それは代理としてである……」と、バダリヤの規約は語る。その規約はまた「人質」の語も太字で書き記している。「私たちは、いまからすでに、人質として、みずからの生を差し出し、質に入れる《アンガジェ》」(Louis Massignon, *L'hospitalité sacrée*, Nouvelle Cité, Paris, 1987, p. 373-374)。人質は、一九四七年のある手紙の打ち明け話でも太字で書かれているが、そこでは一人称のかたちで回帰してきている（「私は人質としての体質をもっていた」p. 241)。また、p. 171-173, 262-263, 281（「兄弟的な身代わり」）, 300-301 ほか各所を参照のこと。「責め立て」という語の使用も、ある地点まで（しかしどの地点までだろうか？）レヴィナスの使用と響き合っている（たとえば p. 305 を参照）が、それは「イスラム－キリスト教的な祈りの面」においてである。«Le linceul de feu d'Abraham», in *Parole donnée*, Seuil, 1983 も参照のこと。

Ⅳ

（1）*À l'heure des nations*, p. 113.

（2）*Ibid.*, p. 113-114.

（3）*Ibid.*, p. 114.

（4）*L'Au-delà du verset*, p. 216.

（5）*Ibid.*, p. 219.

（6）*Ibid.*, p. 215.

（7）*Ibid.*, p. 209.

（8）たとえば、«Séparation des biens»（in *L'Herne*, p. 465）のなかで。なるほど、レヴィナスはそこで正当かつ合法的な議論を提示してはいる（イスラエル国家は「あらゆる宗教の市民を尊重する。イスラエルの宗教的な立場は唯一の立場ではないし、最も影響力のあるものでもない」）。しかし、イスラエル国家の「政教分離」に疑念を抱く人々がレヴィナスの議論に満足するのは難しいだろう。

（9）«Au-delà de l'État dans l'État», in *Nouvelles lectures talmudiques*, Éd. de Minuit, 1996, p. 63.

（10）*Ibid.*, p. 62.

（11）*Ibid.*, p. 64.

（12）*Ibid.*, p. 48.

(13) *L'Au-delà du verset*, p. 220. 強調デリダ。

V

(1) *L'Au-delà du verset*, p. 225.
(2) *Ibid.*, p. 227.
(3) *Ibid.*, p. 228.
(4) *Ibid.*, p. 227.
(5) *Ibid.*, p. 224. 強調デリダ。
(6) *Ibid.*, p. 226–227.
(7) *Ibid.*, p. 227–228.
(8) *Vers la paix perpétuelle*, trad. J.-F. Poirier et Fr. Proust, Éd. GF Flammarion.
(9) «Avances», préface à Serge Margel, *Le tombeau du Dieu artisan*, Éd. de Minuit, 1995.
(10) 多くの事例のなかでも、«Pensée et saintenté», in *À l'heure des nations*, p. 128 を参照のこと。「トーラー全体は、その細部の記述にいたるまで、「汝、殺すなかれ」に集約される。「汝、殺すなかれ」は、他者の顔が意味するところであり、またトーラーの宣布が他者の顔のうちに期待するところでもある」。
(11) 私の知るかぎり、レヴィナスがシュミットについて語ることはない。この政治的なものの理論家は、レヴィナスのまったく対極に位置する(絶対的な対立につきもののパラドクスや転倒といった留保は付けなくてはならないが）。シュミットは（歓待ではない）敵対性の思想家であるだけではない。彼は敵を「政治」（法的なものには還元できるかもしれないが、倫理的なものには還元不可能な「政治」）の原理に据えただけではない。シュミットはまた、彼自身が認めるところによれば、全体性の思考に立脚したいという本質的な欲求をもつ、一種カトリックの新ヘーゲル主義者でもある。だからこそ、全体性の言説でもあるこの敵に関する言説は、こう言えるならば、レヴィナスにとって絶対的な対立者を体現している。それはハイデガー以上に厳格な対立者であると思われる。というのもハイデガーは、「政治主義」に屈することもなければ、（ヘーゲル的と想定された）全体性の魅惑に屈することもないからである。存在の問いは、その超越（ハイデガーもしばしば epekeina tes ousias〔存在の彼方〕を引用する）において、存在者の全体性の彼方へ私たちを運ぶ。このように、全体性の彼方への移行《パサージュ》は、少なくともその形式性において、ハイデガーがローゼンツヴァイクと同じくらい、その必要性を認めていた運動である。そこから遺産相続における緊張した不安定な錯綜関係が生まれてくる。

（12）*Totalité et Infini*, p. 147.

（13）*Ibid.*

（14）*Ibid.*, p. 283.

（15）*Ibid.*, p. 276 また p. 282 et *passim* も参照のこと。

（16）*Ibid.*, p. 277 et *passim.*

（17）*Ibid.*, p. 277, 282.

（18） *Ibid.*, p. 147–148. 強調デリダ。
（19） *Ibid.*, p. 283.
（20） *Ibid.*
（21） *Ibid.*, p. 276.
（22） *Ibid.*, p. 276–277.
（23） *Autrement qu'être...*, p. 143.

VI

（1） p. 91.〔本書九六頁〕
（2） *De Dieu qui vient à l'idée*, p. 250.
（3） *Ibid.*, p. 12. 強調デリダ。
（4） たとえば、ア‐デューの献身を名指した後で（先の「献身として〈捧げられてある〉仕方」を見よ）、レヴィナスはこう続ける。「献身は、その無‐私においてまったく目的を欠いているというのではなく、私が責任を負うべき他の人間の方へ——自己を顕示するよりも「余所者を愛する」神によって——方向転換させられているのである。それは相互性を考慮しない応答責任である。すなわち、私は私への他人の応答責任に気を取られることなく、他人についての応答責任をもたなくてはならないのである。相関関係なき関係あるいはエロスなき愛の隣人愛。他の人間‐のために＝代わりに、そしてそのことによってア‐デュー！〔神‐へ‐！〕」（*De Dieu qui vient à l'idée*,

p. 12-13)。またはこうである。「しかし、記憶にないほど古いもののこの「深い〈かつて〉」の契約《アンガージュマン》は、他の人間の顔を通した、「余所者を愛する」神からの、不可視で定立不可能な神からの命令および要求として、指令として、私に回帰してくる〔帰着する〕〔……〕。非 - 志向的な思考によって私たちが捧げられているところの無限。この非 - 志向的な思考の献身を翻訳することは、私たちの言語のいかなる前置詞によっても——私たちが頼りにしている *à* によってさえ——不可能である。隔時的な時間を唯一の暗号とするア - デュー、すなわち献身であると同時に超越」(*ibid.*, p. 250)。

（5）*L'Au-delà du verset*, p. 70.

（6）この章については、何よりも Daniel Payot, *Des villes-refuges, Témoignage et espacement*, Éd. L'Aube, 1992 を参照されたい。私は *Cosmopolites de tous les pays, encore un effort!*, Éd. Galilée, 1997 のなかで、別の観点からこの章に接近を試みている。

（7）『詩篇』一三二・一三のA・シュラキによる翻訳。ドルム訳は以下のとおり。

ヤハウェがシオンを選んだのはそこである。
彼はみずからの在留地として彼女シオンを欲した。
「それは私の永遠の休息の場所である。
そこに私は在留しよう。というのも私はそのことを欲したのだから！」

（E・ドルム訳）

この聖句は、とくにツェランのイェルサレム読解(《Sag, dass Jerusalem ist...》)への導入のために、マイカル・ゴヴラン〔Michal Govrin〕の『墓の彼方の歌〔*Chant d'Outre-Tombe*〕』で再‐翻訳され、解釈され、熟考され、再記載されている(in *Le passage des frontières*, Éd. Galilée, 1994, p. 228)。「二五〇〇年来西洋を捉えて離さなかった情念。女性であり傷でもあるこの都市を征服するという情念。情念の狂気〔……〕。イェルサレムに存在したい、彼女イェルサレムを所有したいという欲望。〔……〕彼女の征服者、唯一の所有者にして愛人でありたいという欲望、排他的なこの情念は、神――聖書の神――を起源《オリジン》や原型《モデル》とするのかもしれない。「主よ、起きたまえ、あなたの休息の地に入るために……。というのも《永遠者》はシオンを選んだのであり、《彼》は住処として彼女シオンを欲したのだから。それこそ私の永遠の休息地となるだろう。そこに私は住み留まろう。というのも、私が彼女シオンを渇望したのだから(ivitiha)」」。

(8) *L'Au-delà du verset*, p. 55.
(9) *Ibid.*, p. 59.
(10) *Ibid.*, p. 56.
(11) *Ibid.*, p. 57.
(12) *Ibid.*
(13) *Ibid.*, p. 61.
(14) *Ibid.*

(15) *Ibid.*, p. 64.
(16) *Totalité et Infini*, p. 282.
(17) たとえば次のとおり。「第三者が他人の眼のなかで私を見詰めている――言語は正義なのだ[……]。乏しき者、余所者は、平等なものとして現前する。本質的な乏しさにおけるその平等性は、第三者を参照することにある。そのように第三者は出会いの場に現前しているのであり、《他人》はみずからの悲惨さの只中ですでに第三者に仕えている。《他人》は私と結びつく。しかし《他人》が私を彼に結びつけるのは奉仕のためであり、彼は一種の《主＝師《メートル》》として私に指令を下す。[……]預言の言葉は本質的に顔の公現に応答している[……]。それは、私を見詰める眼のなかに第三者が、人類《ユマニテ》全体が現前していることを証示する顔の公現によって本質的に引き起こされた言説の、その縮減不可能な契機である」(*ibid.*, p. 188)。
(18) たとえば、*Totalité et Infini*, p. 274 を参照のこと。
(19) *L'Au-delà du verset*, p. 69-70.「切望」と「希望」を強調したのはデリダ。この二つの語に注意を払おう。レヴィナスがユダヤ国家を特定主義やナショナリズムから区別しようとするとき、そこでつねに語られるのは、現在の事実〔現前的事実〕というよりも、むしろ可能性、将来への約束、「切望」、「誓約」(p. 141〔本書一四九頁〕を参照のこと)であり、「希望」あるいは「投企」である。たとえば次のとおり。「ユダヤ人民の歴史において地上のユダヤ国家への希望はつねに本質的であった。この歴史がサルトルの頭脳のなかで、ヘーゲルの論理の主権的で君主的な建築構成を懐疑に投げ込むことができたということは、ユダヤ国家は、征服者や優越者によって書かれる純政治的な歴史に通じるのではない、ということではないだろうか？ そして同時に、そのような投企はナショナリズム的な特定主義を意味するのではまったくなく、人間の困難な人間性のもろもろの可能性の一つであるということなのではないだろうか？」この文章は最後の何頁かをサルトルに、サルトルの死に捧げて締めくくられている（«Un langage qui nous est familier», in *Emmanuel Lévinas*, Les Cahiers de la nuit surveillée, Verdier, 1984, p. 328）。サルトルは、「パレスチナのナショナリズムとその正当な苦悩に理解を表明しているにもかかわらず」、『ユダヤ人問題に関する省察』以来ずっとイスラエル国家に忠実であった、とレヴィナスは強調している（*ibid.*, p. 327）。「パレスチナのナショナリズム」という表現に、「イスラエルのナショナリズム」という表現が対応することは絶対にないだろう。レヴィナスは「イスラエルが《聖なる大地》に切り開くものはナショナリズムでもさらなる宗派《セクト》でもない」と書くが（«Séparation des biens», *op. cit.* p. 465）、それでもレヴィナスが喚起するのは、やはりシオニズムの企ての「宗教的な偉大さ」なのである。「今日、咎められることなく聖書をかばんで持ち運ぶことができる人はいない」（*ibid.*）。同じ聖書がパレスチナ人たち（イスラム教徒であれキリスト教徒であれ）のかばんでも旅をしていることを忘れないように、決して忘れないようにしよう。正義と第三者性。

（20）*Rois I*, 19, 13-15.〔『列王紀』一九・一三―一五〕

（21）「アプリオリに身代わりへと曝された」とは、言い換えれば、もしかすると、一切の供犠「以前」ということであり、一切の供犠の経験から独立してということであるかもしれない（たとえ供犠の経験が身代わりのうちにみずからの可能性を見出すことがありうるとしても）。こうした意味での（形式的であると同時に具体的な）アプリオリは、言葉や概念として、レヴィナスの言説のなかに居場所があるだろうか？　確かではない。ここに賭けられているのは、身代わりと供犠との関係、人質存在や主人存在と供犠の経験との関係という巨大な問いである。レヴィナスは「意志に先立つ身代わり」を指すために「供犠」という言葉をしばしば用いる（たとえば *Autrement qu'être*... p. 164）。たとえそれが、この供犠という言葉を接近というユダヤ的な意味へ連れ戻すためだとしても（「接近は、それが供犠であるかぎりにおいて……」*ibid.*, p. 165）。

（22）カトリーヌ・シャリエ〔Catherine Chalier〕が『カイエ・ド・レルヌ』のレヴィナス特集のなかで、«Épreuves d'une pensée» と «Quelques réflexions sur la philosophie de l'hitlérisme» というタイトルのもとに取り集めて紹介した論考を参照せよ。*Cahier de L'Herne consacré à Emmanuel Lévinas*, sous la direction de Catherine Chalier et de Miguel Abensour, Éd. de L'Herne, 1991.

（23）「一九世紀に展開された、あらゆる精神的価値の世俗化によって、ユダヤ・ナショナリズムの教義が生まれ、《ユダヤ的なもの》のまったき消滅を準備する安易な同化が生まれた。この二つはどちらも、ディアスポラの事実から逃避し、それを放棄するやり方である。それは《契約》が足を踏み入れることをつねに拒絶してきた二つの道である。《契約》はいっそう古い使命に忠実だった。《契約》は、ユダヤ教が一つの宗教にすぎないことを宣言することで、ユダヤ・ナショナリズム以上のものを（それ以下のものをではない）、ユダヤ人たちに要求したのだ。ユダヤ人たちに、ユダヤ化よりもさらに尊い任務が差し出されたのである」（«L'inspiration religieuse de l'alliance»,

1935, in *L'Herne, op. cit.*, p. 146)。

(24) あるいはたとえ話〔parabole〕だろうか？　「タルムードのあるたとえ話に従えば、過去、現在、未来のすべてのユダヤ人がシナイ山のふもとにいたのであり、ある意味で、ユダヤ人はみなアウシュヴィッツに現前したのである」(«Séparation des biens», *op. cit.*, p. 465)。

(25) Cours *Sur la mort et le temps*, in *L'Herne, op. cit.*, p. 68, repris dans *Dieu, la mort et le temps*, Éd. Grasset, éd. par Jacques Rolland, 1993, p. 122.

(26) «La conscience non intentionnelle», in *L'Herne, op. cit.*, p. 118–119.

(27) *De Dieu qui vient à l'idée*, p. 134.

(28) *Ibid.*, p. 151.

(29) またもや、ヘーゲル、キルケゴール、ローゼンツヴァイクのあいだの――あるいは彼らの彼方の――「家庭の驚異」である。「かくして自我は、みずからの繁殖性の無限な時間のなかにみずからの主観的な道徳性を位置づけつつ、真理の前に自己を立たせる。すなわちエロティシズムの瞬間と父性の無限が再統一されるわけであるが、この状況が具体化されるのは家庭の驚異においてである。家庭はたんに動物性を理性的に整備したものではないし、国家の匿名的な普遍性にいたるための一段階をたんに記しているのでもない。国家が家庭の枠組みをあらかじめ定めているにせよ、家庭は国家の外で確かめられるのである」(*Totalité et Infini*, p. 283)。

家庭と父性についてのこうした解釈に私たちがどのような疑問を抱こうとも、いくつかの縮減不可能な複雑な含蓄に眼を閉ざしてはならない。すでに見たように、女性的な存在が「格別の迎え入れる者」として倫理の根源を意味するというだけではない。父性もまた決して男らしさに還元されないのであり、家庭において父性が性差の秩序を壊乱するようにも思われるのである。父性は、国家に照らしてみれば、アナーキーそのものであるというパラドクスについては前述した。それにひきかえ、英雄的な徳〔武勇〕の男らしさは、しばしば否定的な含意をともなって戦争と国家に結びつけられている。『全体性と無限』の最後の頁は、他のあらゆる箇所と同じ規則に従って、男らしいという語を使用している。男らしさが意味するのは、〈父／息子〉関係の無限な繁殖性とは反対に、国家の有限な時間のなかで死の危険を冒す、政治的かつ戦士的な勇気のことである。「繁殖性の無限な時間に生きる主体の対蹠点には、国家が生み出す孤立した英雄的な存在とその男らしい徳とが位置している」。

(30) *À l'heure des nations*, p. 73-74. 強調デリダ。

訳注

アデュー

〔1〕tuやtoiはフランス語で親しい間柄で用いられる二人称の人称代名詞。

〔2〕デリダは「について(de)」と「へ向けて(pour)」という二つの前置詞を強調し、その差異を

浮き彫りにしている。「について(de)」は、他者を主観の対象として、さらには客体的なものとして、主客二元構造によって語ることを含意しており、それに対して「へ向けて(pour)」は、他者を主観の対象として、あるいは客体として扱ってその内容を云々する以前に、他者に語りかける作用が先に起こっているということを言わんとしている。つまり客観的な内容以前に、語る主体がみずからをまずは他者へと開いて語りかけ、他者を歓待することから、言語活動は始まっているということである。オースティンの言語行為論を援用して言えば、事実確認的な言語作用よりも遂行的な言語作用がすでに先に稼働しているということである。このとき pour は、「のために」と「の代わりに」という意味もあわせもっている。

〔3〕フランス語では「良心」と「意識」は同じ単語 conscience であり、「意識」が「良心」と捉えられている。

〔4〕「気づかい(souci)」という語は、ハイデガーの Sorge(ドイツ語の「配慮、気づかい」)を念頭において用いられている。「死よりも強力な運動」と言われているのも、ハイデガーが「現存在」の固有性とみなす「死への先駆」に対する批判である。

〔5〕ヘブライ語で、正直、廉直、潔白、無邪気、を意味する名詞。

〔6〕もちろん、シェイクスピア『ハムレット』の有名な文言 «To be or not to be»(«Être ou ne pas être»)をもじっているが、伝統的な存在論(存在と無の弁証法、さらには無を存在に還元するパルメニデス以来の存在論)に対するレヴィナスの批判を示唆している(存在論から倫理へ)。

〔7〕「触発する」の原語の affecter は、広い意味では「働きかけて影響を及ぼす」という意味であ

るが、そこから「配属する」「任命する」という意味にもなる。レヴィナスにおいては「自我」の同一性は他者からの働きかけ(触発)を受けて、それに応答するプロセスから作り出されるものであり、その意味で自我主体は、他者に応答する責任を有する(有責性)ものとして(この「として(comme, as, als)」が「同一性」のことを指す)、いわば「配属」「任命」されている。この存在論的(あるいは正確に言えば、倫理的)な構造が「置換(substitution)」であり、自我が他者の代わりとして、他者のために、の代わりに、他者へ向けて(フランス語の pour は英語の for と同じく、それらの意味をすべて含み持っている)現存在する事態である(したがって substitution は「身代わり」とも訳される)。レヴィナスが「人質(otage)」と言う場合も、この意味合いで言われており、その場合、otage は語源の hostis を参照して、自我という同一性の場(ハイデガー流に言えば、「存在の家」)のなかに宿主(hôte)として住むことが、同一的存在の家に人質として囚われていることとして考えられている。

〔8〕ここでレヴィナスはプラトンとハイデガーにおける視覚主義(現前の光のもとで眺める現前主義的存在論)を問いに付し、voir や visée という「見る」系の語を用いている。動詞 voir は「見る」の最も一般的なフランス語として用いられるが、文脈から「観照すること」(プラトンにおける theorein)と理解し、また voir から派生した名詞 visée は日常的には「目的」や「狙いをつけること」の意であるが、哲学の専門用語としてフッサールの「志向性(intentionalité)」の意味で用いられることもあるので、現象学的存在論の流れにあるハイデガーの思想内容を考慮して「志向」と訳出した。

〔9〕「関係づける」のフランス語 rapporter は re-＋porter からなり、直訳すれば「運び返す」ことである。続く「従う(se rendre)」という動詞も直訳すれば「自分を返却する」という意味であり、ここでデリダは他なるものとの「関係(rapport)」を一種の配送関係、発送と返送の二重構造において捉えている。さらに先取りして言えば、デリダにおける存在論的配送業は、宛先に届かず、そして発送主に送り返されることもなく永遠に流浪する配達物(作品・所産)を肯定する、漂泊の投壜通信の主張となるだろう。それはすべての存在がもつミュータント化の可能性の肯定である。

〔10〕「哲学コレージュ(Collège philosophique)」は、一九四六年にジャン・ヴァールが作ったアカデミズムに属さない人々のための哲学の研究・教育機関。ソルボンヌ大学を中心とする伝統的なアカデミズムの哲学研究に対して、一般市民に開かれ、アカデミズムにポストのない若手研究者に広く門戸を開いた。フーコーの『狂気の歴史』をめぐるフーコー／デリダ論争の端緒となったデリダの発表(「コギトと狂気の歴史」)も最初にここでなされた。

〔11〕この箇所の「手渡された」は passé、「起こった」は s'est passé で、どちらも passer という動詞の多義性を利用して書かれている。passer は「過ぎ去る」という意味であり、名詞 passé は「過去」、また passage は「通路(パサージュ)」「(文や曲の)一節(パッセージ)」、passe は「(スポーツなどでの)パス」「鍵」「合言葉」といった具合に、多くの意味を派生させる。いずれにせよ、デリダでは出来事性とその痕跡(生き延び)の諸効果を表現するために用いられることが多い。

〔12〕「名前＝名以前のもの」と訳した単語は prénom である。ふつう prénom はいわゆる「性（家名）」ではないファースト・ネームのことを指すが、デリダはここでは pré-nom のもつ語形成上可能な潜在力を利用して、「名（nom）以前（pré-）」という意味で、文字通りに「名」（とその「意味」）を脱構築しつつ語っていると思われる。デリダにとって、prénom（名前）は、名以前の他者へ送り返すものである。それも永遠に届かないという仕方で、永遠の泣き別れとして、永遠のアデューとして（「アデュー、エマニュエル」）。しかし、それが相互他者性の出会い（遭遇）の条件である。

迎え入れの言葉

〔1〕ここであえて「伝える」と訳したフランス語は traduire であり、一般的には「翻訳する」という意味（名詞形 traduction は「翻訳」）である。デリダはこの単語を、しばしば語源を利用して trans- + ducere つまり「越えて、向こうへ」＋「導く」という意味で用いる。

〔2〕「一方の者たちから他方の者たちへ（des uns aux autres）」は、「一者たちから他者たちへ」とも解することができる。

〔3〕「エチュード（étude）」はラテン語の studium を語源とし、身を入れること、熱意、熱中を意味していた。

〔4〕ここでデリダはフランス語の même にまつわる「類型表現」を活用して議論を進めている。

même は「同じ」という意味から「……そのもの、それ自体」「まさに……」、さらには強めの表現としてよく使われる単語であり、フランス語における特有表現としての用例には枚挙に暇がない。いずれにせよ、デリダ＝レヴィナスにとって重要なことは、この même(同)という語が、自体性＝自己性の概念の土台にあり、またそれが「知(savoir)」や「権力(pouvoir: できること、能力)」の概念と結びついていることである。この結託構造は西洋存在論の根本体制にしてその基盤としての「場」(場合によっては「通念」としての場)をなしており、デリダは lieu という単語(ギリシア語で「トポス」にあたる)を用いて、この「類型表現」と哲学的な「(磁)場」の両方を指そうとしている。

〔5〕フランス語の hôte は、「主人」と「客人」の両方を意味する。

〔6〕フランス語の maître は「師」「指導者」「主」という意味だが、ラテン語の magis を語源とし、もとは「より大きなもの」という意味である(「しかし(mais)」も同語源)。

〔7〕communication はふつう「情報伝達」や「意思疎通」の意味で使われる単語だが、学会等での「発表」や「報告」の意味にもなる。デリダはここでこの両義性を踏まえつつ、他者の絶対的な分離を説くレヴィナスに関する「発表」(コミュニケーション)は、完全な伝達や疎通を前提とするいわゆる「コミュニケーション」ではありえないことを示唆している。レヴィナス＝デリダからすれば、およそ一切のコミュニケーションはディスコミュニケーションである。

〔8〕「開幕」の原語 ouverture には、「開放」や「序曲」といった意味もあるが、レヴィナスの文脈で言えば、自己を他者へ開くこと、他者への開かれとして自己の開けがもたらされることを念

頭においている。

〔9〕ここに見られるように、しばしばデリダは、自明視してはならない単語を括弧や引用符にくくり、その自明性《エビデンス》を問いに付す。そうして通常は想定されている問題事象の絶対性・自律性・単独性・実在性は、それらを意味する＝言わんとする（言おうと欲望する）言葉や名の効果《エフェクト》として扱われ、二次効果として引用可能性に送り返される（その本質性や本来性、実体性や自律性が問いに付され、脱構築される）。

〔10〕サン＝ベルナール教会はパリ一八区にある教会。一九八六年に保守派シラク内閣が成立すると、グローバル経済化が引き起こした移民労働者の流入の制限・管理の強化政策が打ち出され、パスクワ内相のもと、滞在許可証や労働許可証の取得条件を厳しくし、国籍取得の資格についても制限を強める法案が提出された。外国人と移民の排斥の性格が強いこの法案は、国民的な議論を引き起こし、いったんは見送られることになった。その後社会党政権が成立し、ある程度の揺り戻しはあったが、一九九三年にはフランス社会の右傾化のなか、「改正移民法」通称「パスクワ法」が制定された。これにより滞在許可証や労働許可証を奪われた（あるいは持てなくなった）移民労働者が増加。そんななか一九九六年三月に滞在許可証を持たない三〇〇〇人の外国人たち（sans papiers: サン＝パピエたち。多くは旧植民地のブラック・アフリカ出身者）が、滞在の正規化を求めてパリ一一区のサン＝タンブロワーズ教会を占拠。警察による強制退去の後、彼らはさらに六月にパリ一八区のサン＝ベルナール教会を占拠し、運動を続けた。結局は警察による強制排除に終わるが、移民支援団体や反人種差別運動団体によるサン＝パピエ支援運動が展開された

(保守派からもキリスト教教会に国家権力の警察が踏み込むことの是非を問う声があがった)。一九九六—九七年におこなわれたデリダの「歓待について」のセミネールは、こうした同時代状況へのデリダからの応答でもあった(本書のレヴィナス論にも、この「歓待」セミネールの一部が組み込まれている)。

〔11〕いわゆる「ユーゴ紛争」への言及。一九九一年のスロベニア、クロアチアの独立宣言をきっかけにして始まったユーゴスラビアの内戦。もともと多民族から成っていたユーゴスラビアは、社会主義の崩壊後、各民族に分裂し、それぞれが独立国家を主張し、内戦は民族紛争の様相を呈した。マケドニア、ボスニア・ヘルツェゴビナ、セルビア・モンテネグロなどが独立し、ユーゴスラビアは解体したが、この紛争の過程で、セルビアとクロアチアの激しい戦争(クロアチア紛争)、セルビア人がボスニアからの独立を目指して繰り返した戦争(ボスニア・ヘルツェゴビナ紛争)、またセルビア国内でもコソボ自治州の独立をめぐる戦争(コソボ紛争)など、数多くの激しく残虐な戦争がおこなわれ、「民族浄化」の名のもと、ジェノサイド、レイプ等の戦時性暴力、強制収容などがはびこり、「人道に対する犯罪」という言葉と概念が国際的に広がった。

〔12〕通称ザイールは、現在のコンゴ民主共和国のこと。モブツ・セセ・セコが権力を掌握していた一九七一年から一九九七年まで用いられていた国名。一九〇八年からベルギーの植民地だったが、一九六〇年にコンゴ共和国として独立。しかしその直後からコンゴ動乱が起こり、一九六五年にモブツがクーデターで政権を奪取し、一九七一年ザイール共和国となる。しかし、その後三〇年にわたるモブツ大統領の個人的独裁国家体制のもとで民主化は停滞。一九九七年にはルワン

ダとの国境地帯に始まる紛争で政権は倒れ、国名もコンゴ民主共和国に変わった。以後、紛争と政治的混乱が絶えず、収拾のつかない内戦状態に陥った。

〔13〕アフリカ中央部にある共和国。一九世紀末からドイツ領、ベルギー領として植民地支配されていたが、一九六二年に独立。しかし一四―一五世紀にまで遡るフツ族とツチ族との対立・抗争が歴史的に激しく、一九九〇年代に入り、先進国や周辺国の思惑や介入等もあり、内戦が激化。ツチ族・フッ族間の無差別虐殺へと発展し、二〇〇万人もの難民が隣国ザイールなどの周辺諸国に流出。「人道に対する犯罪」を危惧する欧米からの仲介や介入もむなしく、内戦は終わらなかった。

I

〔1〕ここでデリダはまず一般的な意味での thème（テーマ、主題）に関する話題（講演の主題という意味）から入り、次第にこの thème という語が哲学において（とくに現象学において）含意する「定立」（意識や命題によってそれとして措定すること）の問題へとずらして（哲学的に深めて）いっている。とりわけ「主題化（thématisation）」という語を使用する場合、レヴィナスが批判するフッサール現象学における用法が念頭にある。本書では、文脈に応じて主題や定立と訳しわけることにする。

〔2〕このくだりではラテン語の tendere（引っ張る）を語基とする単語の「並置」によって、デリダはレヴィナスによる並置の実践を模倣している。*tension*（緊張）、in*ten*tion at*ten*tive（傾注的志

向)、*attention intentionnelle*(志向的傾注)、*intentionnalité*(志向性)、*attention*(傾注、注意)、等々。

〔3〕フランス語の「場(lieu)」には、西洋の伝統的な論理学や修辞学における topica の意味があり、類別論、論点、類型表現などを意味する。古代ギリシア語で「場所」を意味していた topika という語を、アリストテレスが自身の著作(「トポス論」)のタイトルとして用いてから、この用法が広まった。

〔4〕「関係(rapport)」という単語のなかに、「門(porte)」と同じく porter(運ぶ)という語幹が入っている点に注意。次に出てくる「もたらす(apporter)」の語にも porter が含まれている。「関係=運び返すこと(rapport)」も「もたらすこと=運び送ること(apporter)」も、なんらかの「門(porte)」を境にした往復運動である。

〔5〕「他動性(transitivité)」はもともと、向こうへ超えて(trans-)ゆく(ire)、という意味である。

〔6〕「我を忘れ(s'emporter)」にも porte, porter が含まれている。直訳すれば「自己を門外に運び出すこと」である。

〔7〕「宗教(religion)」という語は、ラテン語の relegere(集める)あるいは religare(結びなおす)に由来し、colligere(集める)と同じ語根をもつ。レヴィナスは「宗教(religion)」の意味を「絆のつなぎなおし」として捉えている。

〔8〕ここで用いられている単語 accueil(迎え入れ)、recueillement(収容)、cueillir(集めること)は、いずれも、前述の宗教(religion)と同じく、ラテン語 colligere(集める)に由来する。

〔9〕フランス語の acte は、一般的には「行為」を意味するが、哲学の専門用語としてはアリストテレスの「エネルゲイア」の訳語として用いられる。ここでは「迎え入れの可能性」と対比して言われていると考えられるので、「行為＝発現的な局面」と理解した。acte には「(演劇の)一幕」「(事件等の)局面」という意味もある。要するに、何事かが具体的に現に生じている状態のことを指す。

〔10〕「そこに存在する(être là)」という表現は、もちろんハイデガーの「現存在(Dasein)」(フランス語に直訳すれば Être là)を念頭においている。

〔11〕「少しずつ」の原文は de proche en proche、「次第に」は de prochain en prochain である。proche も prochain も、ラテン語 prope(近い)に由来する単語であり、名詞として proche は「近親者」、prochain は「隣人」を意味する。したがって、de proche en proche は「近親者から近親者へ」、de prochain en prochain は「隣人から隣人へ」とも解釈できる。

〔12〕フランス語で「計量、重さを測ること(pesée)」と「思考(pensée)」は、同じラテン語 pendere(「吊るす、重さを測る」)を語源とする。

〔13〕avant la lettre とは直訳すれば「文字以前」という意味だが、もともと版画などの作品に銘を入れる前の状態を指し、そこから慣用表現として、「先ぶれの、先駆的な」や「完成前の、未完成の」を意味するようになった。デリダは現前性《プレザンス》＝現在性の世界を、存在論的な文字《レットル》の世界、〈書き込み〉《エクリチュール》のテクスト界と捉えており、その存在論的文字としての現前性を生み出す、それ「以前」の存在論的エクリチュール(書き込み運動、記録運動、刻印運動)のことを「原エクリチュー

ル」と呼んでいる(たとえば『哲学の余白』に所収の「差延」論文などを参照のこと)。

〔14〕デリダは「射程」と訳した単語 portée をイタリック体にして強調しているが、その動詞形 porter は、運ぶこと、担うこと、もたらすこと、を意味する。以下の箇所でデリダは「運ぶ」にかかわる語彙系を用いて議論を進めていく。また portée には懐妊や妊娠期間という意味もあり、デリダはレヴィナスにおける家としての《女性》性(さらには繁殖性)の議論に関連づけていると思われる。

〔15〕「運送作業(férance)」「関係(rapport)」「つながり(relation)」といった語彙は、いずれも語幹に「運ぶ」を意味する単語を含んでいる。

〔16〕周知のように、フランス語では「人間」と「男性」は同じ単語(homme)である(英語の man も同様)。人間が男性を基準にして考えられている。

〔17〕「視点=視力なし」と訳したフランス語は point de vue である。この表現は point を名詞ととれば「視点」、否定の副詞と取れば「視力なし」と読むことができる。カントが抉り出したように「可能性」は同時に「限界」でもあり(「可能性の条件」や「有限性」の問い)、視点には必然的に盲点がともなう。デリダは「盲目的=盲点的に(aveuglément)」ということで、男性的な視線(全体を見渡し、すべてを掌握・支配し、自己の手に入れようとするファルス的な知の権力)が、盲目的に突進しては必然的に取りこぼす盲点としての「女性的なるもの」との関係を言わんとしているると思われる。

〔18〕「傷つきやすさ」のフランス語は vulnérabilité。「傷つき可能性」とも訳していく。

〔19〕「隅石」の原語は pierre d'angle。直前の「角度（angle）」の語から連想された語だろうが、「隅石」（英語では「コーナー・ストーン」）は、建物の隅角部に突出（張り出した）石で、起工式の第一の礎石である。そこから比喩的に「基礎・土台」「第一歩」「重要拠点」といった意味で用いられる表現となった。隅石は今日では装飾的・儀式的なものとなり、通例、完成の日付や銘文、建築家や所有者の署名などが刻まれる。

〔20〕「所有する」というフランス語の posséder には、「支配する」や「女性をものにする、結婚する」という意味もある。いずれにせよ、伝統的に所有主体が男性的（ファルス的）に捉えられてきた証拠だろう。

〔21〕「迎え入れ態勢」と訳したフランス語は accueillance である。この語は動詞 accueillir の現在分詞 accueillant の語尾の t を ce に変えて名詞化したものであるが、デリダは動詞から名詞へ移っていくプロセスを単語に刻印すべく-ance という語尾を用いていると思われる。能動的な accueillir（迎え入れること）でもその対象・結果（受動態）としての accueilli（迎え入れられた者）でもなく、また主語的な accueillant（迎え入れる者）でもなく、それらの中間、それらが絡み合い、束となった織物状態、これをデリダは示唆しようとしているのだろう。こうしたデリダの-ance の用法は他にも見られ、最も有名かつ根本的なのは différance（差延）である。この点についての詳細は『哲学の余白』所収の「ラ・ディフェランス」を参照されたい。

〔22〕「所有性」の原語は propriété（英語の property）であり、「所有物」「所有権」「固有性・特性」「邸宅」等々の多義性をもつ。

II

〔1〕ここでデリダは例によって「運送」にまつわる語群を使用しながら議論を進めている。「関係(relation)」はラテン語の relatum に由来し、再び運ぶ、持ち帰る、の意であり、referre の目的分詞として用いられた。「運送」と訳出した férentiel(ここでは形容詞を名詞的に訳した)はフランス語には存在せず、デリダがラテン語の ferre(運ぶ)から作った語である。「運び戻し」と訳した référentiel はふつうは référence(参照指示、対象指示)の形容詞として用いられるが、ここではラテン語源の意味が強いと考えて「運び戻し」と(これも形容詞を名詞的に)訳した。対象指示(参照)は一種の「運び戻し」である。さらに「譲り渡し」と訳した déférentiel は dé-+ferre からなり、「離して運ぶ」という意味で理解した。名詞形の déférence は、次の文でも出てくるように、尊敬、服従の意味で用いられる。自分から離して相手に運ぶことが、ある意味で、譲り渡すこと、譲歩すること、従うこととフランス語で解されているのだろう。ちなみに déférentiel には解剖学で「精管の」という語義もある(名詞の le déférent は「精管」)。また「射程(portée)」も「運ぶ(porter)」に由来する単語であり、運ぶ作業そのものあるいは運ぶ範囲=射程といったニュアンス。デリダがレヴィナスのなかに読み込む、他者への倫理の運送業は、続くパサージュ(passage, se passer)の議論にもつながっていく。

〔2〕déference には différence(差異)との関連も込められているだろう。

〔3〕「経験」という語 expérience は、語源的には ex-(外へ、外から)+peirein(ギリシア語で「貫

く」）からなるので、外へ貫く、外から貫く、という意味である。したがって「試練」という意味にもなる。

〔4〕「アレルギー（allergie）」の語源は、ギリシア語の allos（他者、異質）と ergon（作用、仕事）であり、直訳すれば、他者の作用である。この他者からの作用に対する過剰反応がいわゆるアレルギーである。

〔5〕「慄かせ超えてゆく」と訳した動詞は transir。この語は日常的には、ぞっとさせる、凍えさせる、という意味で用いられるが、語源的には trans-（越えて）＋ire（行く）からなり、ラテン語の transire は、超える、死ぬ、を意味する。ここでは文法用語でいう「他動詞（le transitif）」（他者――通常は直接目的語（objet direct）――に働きかける動詞）という意味も含まれていると考えられる。

〔6〕「……に従う」という定型表現の se rendre à がここで用いられているが、直訳すれば「自分を……に返す」であり、ここにも配送や返送の問題が表現されている。

〔7〕「めくり上げられる」と訳した語は relevé であるが、この動詞 relever はヘーゲルの aufheben（止揚する）の仏訳としてデリダが提唱した語である。

〔8〕「指示」の原語 prescription は語源的には「前もって書かれたもの」という意味であり、日常的には医者の「処方」や「指示」、さらに一般的には事細かな「決まり事」や「掟」や「要請」を指す。あらかじめ決められた守るべき事柄といった意味である。

〔9〕「公開前の」の原語は avant-première。この語は日常的には、映画や劇の一般公開前におこ

なわれる試写会や試演会、プレミアショーのことを指すが、逐語的には、第一のもの(最初のもの)の前、始まり以前、起源以前、と解することができ、デリダはこの意味で用いている。

〔10〕以下、欧米語の sujet というタームがもつ二重性を活用しつつ論が進んでいく。sujet は今日では「主体」という意味が強いが、近代まではむしろ sub-(下に)＋jectum(置かれたもの)という語源的な意味で、従臣、臣下、服属者という意味のほうがふつうであった(この語義がひっくり返って、下にあったものが上に立った点がまさに「近代」である)。レヴィナスは主体性の本質(essance)を他者の到来に従うこと(歓待に従うこと)として、他者性の「下に置き」、主体化(subjectivation)＝従属化(subordination, sujétion)と考える。

〔11〕原語は le Tout-Autre であり、《全体－他者》、《他なる全体》とも捉えられる。レヴィナスにおいては、有限な「自己」を包囲する無限者としての「他者」が、いわばある種の「全体」として考えられている(もちろん「無限者」なので「全体」という概念は不適切であるが)。

〔12〕ここで subordonner (subordination), ordonner (ordre), donner というふうに、言葉が代替(substitution)あるいは横滑り(déplacement)していくが、ordre(秩序、命令、順序)は語源上は don(贈与)と関係ない。ラテン語 ordinare(命じる)から派生した古フランス語の ordener の語尾変化が donner の影響を受けたせいで、観念連想も働くようになったと考えられる。

〔13〕「アフォリズム(aphorisme)」は、ギリシア語の aphorismos(定義、限定)に由来するが、さらに語形成的には apo-(離れて)＋horizein(区切る)からなる。

〔14〕substitution は、置き換え、代替、代置、の意であるが、語源的には、sub-(下に)＋statuere

（置くこと）である。ここでは sub の部分が強調されている。前出の subordination と同様の事態を指していると考えてよい。

〔15〕「訴訟」の原語 cause は、ある事態を引き起こした「原因」のことを指し、そこから「理由」や「動機」、裁判における「事由」、さらには「大義」という意味になる。ここでの「訴訟のなかに置かれた」とは、他者に応答すべき正義（大義）の裁きに問われている（審問されている）ということである。

〔16〕フランス語の otage（人質）の語源は、古フランス語の hostage であり、hostage は館や家を指す。hostage も（h）oste（hôte の古形）に由来する。hostage（館）は hôte（主人）の居城であり、人質はふつう領主の館に収容されたことから、館（hostage）が人質（otage）をも意味するようになった。ただしレヴィナスの議論では、ふつう人質（otage, guest としての hôte）を自由にすると思われている館（住処、家）の主人（hôte）が、逆に otage（人質）になっている。

〔17〕「質草」の原語 gage は、engagement（契約、誓約、結婚、開始、参加、等々）の語根をなす単語であるが、もともとは何かの代わりとして与えられる抵当、担保、質草、保証・証拠の品、動産、といった意味である。

〔18〕hostis はラテン語で「見知らぬ者、敵」を意味する単語であるが、フランス語の hôte（主人／客人）の語源であるラテン語 hospes（主人／客人）は、この hosptis という語と語源的に関連していると言われている。こうした議論をしているのが『インド＝ヨーロッパ諸制度語彙集』のバンヴェニストであり、デリダはその第七章「客人歓待制度」を参照している。

Ⅲ

〔1〕原語は retournement。主人から人質へと家の主体の様相が変わったことを言わんとしている。歓待権力の「反転」(革命)——これこそがレヴィナスにとっての倫理的転回である。したがって、いっそう倫理的なニュアンスのある(場合によっては宗教的なニュアンスのある)語を用いて「向き直り」と訳すことも可能だろう。

〔2〕「自我(le moi)」は人称代名詞の一人称の強勢形から作られた名詞であり、「自己(soi)」は三人称の人称代名詞強勢形である。ここで他者への応答責任のなかで隣人に強迫的に憑依されることによって一人称主体(le moi)が三人称主体(le soi)へと変容している点に注目されたい。デリダの「幽在論＝憑在論(hantologie)」の観点から言えば、ここでレヴィナスが描いているメカニズムは、もはや一人称とも三人称とも割り切ることのできない幽霊的なもの、ゾンビ的なものの生成運動である。

〔3〕フランス語の vous は、距離のある(疎遠な)、さほど親しくない二人称の相手に対して使われる人称代名詞である。親しい間柄では tu(本書では「きみ」と訳している)を使う。また vous は単複同形で、一人の相手(あなた)も複数の相手(あなたがた)のどちらをも指す。複数形がもともとの用法だったが、複数形が相手との距離(縁遠さ)を示し、なれなれしくしてはいけない単数の相手にも使われるようになった。

〔4〕「競合」の原語は concurrence で、ラテン語の concurrere(走って集まる)に由来する。「コン

クール（concours）」も同語源である。同じ目標、一点を目指して共に走ることであるが、ここの文脈では、分裂したもの同士（たとえば「彼」と「きみ」）が同じ場、同じ点を共有し、同時生成する構造を表現していると解し、「共起」とも訳出した。

〔5〕「通常の表象（représentation courante）」には、「流れゆく現在の反復」の含意もある。

〔6〕ここでは「訪問」を表す二つの語 visitation と visite が登場する。visite は一般的に用いられる「訪問」という意味の語であるが、visitation には宗教的な意味があり、聖母マリアのエリザベット訪問や神の恩寵（メシア降臨）という意味にもなる。レヴィナスがどこまでそうしたニュアンスを込めていたかは不明だが、デリダにせよレヴィナスにせよ、visite と visitation を厳格に区別して用いているとは思われないので、文脈に応じて同一の訳語を当てたり、訳し分けたりする。

〔7〕「釈放し」と訳出したのは absoudre。この動詞は罪を赦すという意味で用いられるが、もとはラテン語の absolvere（解き放つ、完成させる）に由来する。直後の「絶対（absolu）」という語も、この absolvere の過去分詞に由来し、解き放たれた、完全なものになった、という意味である。レヴィナスはこの語源的なつながりを利用して書いている。

〔8〕言うまでもなく、「承認（re-connaissance）」とは事後的な行為である。たとえ未来の出来事についての承認（事前承認）であれ、未来の可能性の先取りの事後に生じる。来たるべき永遠の国の約束（契約）などは、その典型的なパターンである。

〔9〕Muḥammad Anwar al-Sādāt（1918–1981）　エジプトの軍人、政治家。共和政エジプト第三代

大統領(第二代アラブ連合共和国大統領、初代エジプト・アラブ共和国大統領)。士官学校時代の友人ガマール・アブドゥル＝ナセル(共和政エジプト第二代大統領)らとともに自由将校団を結成し、王政を打倒して共和政を樹立する一九五二年のクーデター(エジプト革命)に参加する。一八七〇年にナセルが死去すると、大統領に就任。ナセルの社会主義的政策を変更し、自由主義経済を推進。またイスラム主義運動を解禁してエジプトの政治・社会を大きく右傾化させた。パレスチナ紛争に対して、大統領就任当初はナセルの汎アラブ対イスラエル強行路線を踏襲し、一九七三年にはシリアとともに第四次中東戦争を主導したが、一九七四年にはアメリカと国交を正常化、ニクソン政権から軍事的・経済的援助を受け、反ソ・親米の外交路線へ方向転換。親米、グローバル資本主義路線のなかでイスラエルとの和平を進め、一九七七年にイスラエルのメナヘム・ベギン首相の招きでイェルサレムを訪問。エジプト・イスラエル和平交渉を開始し、翌年ジミー・カーター大統領の仲介のもと、キャンプ・デービッド合意にこぎつけた。サダトはベギンとともにノーベル平和賞を受賞する(一九七八年)が、この和平合意は実質的にパレスチナ問題を棚上げにし、イスラエルによる入植を放置する内容だったため、アラブ諸国の反発を招き、サダト政権はアラブ諸国内で次第に孤立する。アメリカ追随の経済自由化と外貨導入政策の結果、エジプト国内の貧富の格差が拡大し、社会的な反サダト運動が高まる。一九八一年には、共産主義者、社会主義者、フェミニスト、大学教授、ジャーナリスト、学生運動家その他の政治活動家を激しく弾圧し、多勢を逮捕・拘束したため、国際的な非難を受けた。この弾圧の直後一九八一年一〇月六日、サダトは第四次中東戦争の戦勝記念日のパレード観閲中にイスラム復興主義過激派の砲兵中尉によって暗殺された。

〔10〕「分析」の原語 analyse は、ギリシア語の analyein（解きほぐすこと、緩めること）を語源とする。

〔11〕原語の vulnérable は、傷つきやすい、脆弱な、もろい、といった意味であるが、レヴィナスの場合、この傷つきやすさ、外傷を負う可能性こそが、他者を迎え入れる可能性そのものであるから、単純な「弱さ」ではない。訳語としては「傷つきやすさ」をメインにしたが、レヴィナスがこの語で言わんとしているのは、主体がもつたんなる一性格、一性質のことではなく、他者との倫理的な局面において他者を受容する能力、他者との関係性のメカニズムの一様相であることに注意しなくてはならない。中立的な意味合いを強調したい場合は、少々堅苦しいが、「可傷的」や「可傷性」という訳も付けた。

Ⅳ

〔1〕res pubulica は、公共的なもの、公共の事柄、を意味し、共和制・共和国（république）の語源である。

〔2〕原文では傍点の部分が条件法になっている。

〔3〕「条件法（le conditionnel）」という文法用語は「条件付きのもの」が原義であり、もちろんデリダの念頭には、条件／無条件についての哲学の概念や歴史がある。

V

〔1〕原文の la politique suivra(「政治はつき従えばよい」)は、シャルル・ド・ゴール大統領(一八九〇―一九七〇)の言葉「経理の問題は政治決定に従わねばならぬ(L'intendance suivra)」をもじったもの。

〔2〕「無媒介に」と訳出した immédiat という語は、即時、即刻とも訳すことができる。こちらの意味合いが次の「今‐平和」の議論につながっていく。「媒介」という場合、ここで想定されるのは、もちろん「政治的‐法的な」諸制度であり、その機能(＝役割)は、二者(私ときみ)の関係(倫理的関係)に第三者として割って入り仲介＝媒介することにある(政治的‐法的関係)。

〔3〕「今‐平和」の原文は «la paix maintenant» であるが、これは「平和を今すぐに!」「今こそ平和を!」とも理解できる。この «... maintenant!» という表現は、フランスのデモや政治運動でよく使われる決まり文句である。

〔4〕言うまでもないが、代表的にはナチズムが、国をもたないユダヤ人たちの根無し草状態をコスモポリタニズムと結びつけ、弾圧・迫害・虐殺の口実に利用した。またナチズムはユダヤ人を、一方では国際資本主義を牛耳る黒幕勢力として、もう一方ではインターナショナリズムを掲げる共産主義のエージェントとして非難し攻撃した。

〔5〕原語の dégagement は、本書で繰り返し登場する engagement(誓約、契約、縛り)の対義語である。

〔6〕「事の始めからすでに」と訳出した表現 d'entrée de jeu は、直訳すれば「戯れに入ったときから」「ゲームの最初から」である。ここでは「戯れ」のニュアンスが大事である。
〔7〕「看板(enseigne)」の語も signe から派生している。デリダは、「……の兆しのしるしのもとで(sous le signe d'un signe de...)」とつながる signe 系の語の代補(supplément)の連鎖で戯れている。ちなみに、レヴィナスの重要なキー概念「教え」のフランス語も enseignement で signe 系の単語であり、まさに「看板(enseigne)」と重なっている。
〔8〕「わさびの利いた言葉」の原語は un bon mot であり、直訳すれば「良き言葉」である。特有表現として、気の利いた言葉、機知に富んだ言葉、警句、といった意味で用いられる。
〔9〕Ⅰの訳注〔3〕(二八二頁)を参照のこと。

Ⅵ

〔1〕ここからしばらくデリダの議論は adieu というフランス語の特有表現《イディオム》とそこに込められる事態をめぐって展開される。adieu は日常的な用法としては、もう二度と会うことがないだろう別れの際に使われる表現である(この点で再会が想定される au revoir や salut と異なる)。もとは à-Dieu に由来し、「神の元へ」が原義。レヴィナスはこの adieu という表現とその事態を、人間同士＝他人同士の関係を表すものとして捉えなおす。個々人は自己である以前に、それぞれ自分自身が他者であり、人間＝人類とは、自己の集合というよりも、それ「以前」に――自己的根源以前の他者的根源において――他人同士の集合である。そしてすべての他人(つまり自己同士)は、

各々が自己にとっても他人にとっても手の届かない「無限(者)」である。このときレヴィナスは神の属性だった無限概念を「方向転換(détournement)」させ、人間の個(単独性)の属性へ「横領＝横流し(détournement)」する(とデリダは読んでいる)。この方向転換の動向(向き変え)が à という前置詞(方向や到着点、はたまた所属を示す前置詞)に、あるいは À-dieu ないし à-Dieu の連結符(trait d'union)が書き込む結合的分離(接続と同時に切断)に込められている。

〔2〕ここでデリダは、大文字の《無限》(l'Infini)と小文字の無限(l'infini)とを区別している。内容から考えて、大文字の《無限》は自己の他者(自己の彼方の外部)のことを指し、小文字の無限は、決して到達しえない大文字の《他者》との関係における永遠の差し戻し＝返送＝転送の無限運動を指していると思われる。大文字の《他者》との無限分離の関係こそが、〈永遠の自転運動としての自己〉を成立させ、自己を無限の転送物として生かす(あるいは生き延びさせる)のである。

〔3〕ここでデリダは c'est-à-dire(言い換えれば)と Dire à Dieu とを一つにして、c'est à Dire à Dieu という表現を作り出し、それをさらに autrement dit(他なる仕方で言えば)と言い換えている。

〔4〕「語りかける」という動詞 s'adresser (à)は、adresse(アドレス)という語を含んでいることからもわかるように、自分を……へ差し出す、送付する、という意味である。

〔5〕ad はラテン語の前置詞で、……へ向かって、……の方へ、を意味する。ad の縮小形である a は adresser や adresse の接頭辞にもなり、adresser は a-(……へ向けて)＋dresser(まっすぐに立てる)が原義である。また dresser は後期ラテン語の directiare(まっすぐにする)に由来し、さ

らに古典ラテン語の directus（まっすぐな）に由来する。法や権利を意味する droit、あるいは右を意味する droit も同語源である。

〔6〕「……への参照」は référence-à、「……への関係」は relation-à である。référence は re-（再び）＋ferre（運ぶ）からなり、戻す、運び返す、という意味である。relation についてはⅡの訳注〔1〕（二八六頁）を参照のこと。

〔7〕「……に存する」という表現 résider en (dans) は、もともとは、……に在留する、住まう、の意味である。動詞 résider の名詞形 résidence は、住まい、邸宅、また別の名詞形 résident は、在留外国人、駐在外交官、寮生のことである。

〔8〕「余所者を愛する誰か」と「誰が余所者を愛するのでしょうか？」という二つの文は、どちらも Qui aime l'étranger と文章自体は同じだが、後者は疑問文であり、また両者は Qui（誰）と l'étranger（余所者）の強調箇所が異なっている。

〔9〕「赴く」という表現 se rendre は、直訳すれば「みずからを返す」であり、「イェルサレムに私たちを返しましょう」と訳すこともできる。se rendre については、アデューの訳注〔9〕（二七六頁）、Ⅱの訳注〔6〕（二八七頁）も参照のこと。

〔10〕神の名テトラグラマトン（JHVH や IHVH 等々）を発音することをはばかり恐れたユダヤ教徒が代わりに用いた呼び名。「我が主」の意味。デリダの原文では、IHVH の文字の上にさらに adonaï が重ねて印字されている。

〔11〕unheimlich はドイツ語で、不気味な、ぞっとするという形容詞であるが、もとは Heim すな

わち家、自宅、故郷にいないことを指す。「不気味な(unheimlich)もの」の議論について、デリダはフロイトの論文との関連でよく言及する。

〔12〕「知覚・認知」の原語 perception には、徴収や受領の意味もある。もともとは、取り集める、という意味であり、デリダが「現前性の形而上学」の基本構造として批判する「結集」の論理を含んでいる。

〔13〕「免責(immunité)」という語は、政治的‐法的な事態を指すばかりでなく、医学的‐生物学的な事態である「免疫」のことも指す。政治的‐法的な概念を医学的‐生物学的な概念に接続し(あるいは逆もまたしかり)、それらの関係性を脱構築するのは、デリダの初期から最晩年の動物論にいたるまで一貫した特徴であるが、レヴィナスの他者論との関係でも、政治あるいは法(権利)における免罪＝免責の問いが、生命あるいは生活における「宿り」の権利・宿泊権(在留権)、すなわち現世＝現生における居住権としての免疫の問いに結びつけられている。

〔14〕「共時性(synchronie)」「共‐現前性(co-présence)」「システム(système)」といった語は、いずれも「共同性」「集合性」を示す接頭辞(syn-, co-)を含んでいる。

〔15〕「その場しのぎ」の原語 pis-aller に含まれる pis は mal(悪い)の優等比較級であるが、今日では決まった表現でしか用いられない。aller は「行く」という意味なので、pis-aller の原義は「悪く行くこと」である。「行く(aller)」は次の文の「行く必要がある(il faut aller)」につながっている。

〔16〕「特定主義(particularisme)」とは、キリストの死はすべての罪びとのためではなく、特定の

選ばれた者たちの贖いのためであるとする説。

〔17〕フランス語では「聞く」と「理解する」が同じ語 entendre で表現されることがある。聴き取るといったニュアンスであるが、デリダでは「聞く」の問題系がしばしば重要になる。続くくだりでは「沈黙」や「声」のモチーフが議論される。

〔18〕「形式的な(formel)」という形容詞は、命令などについて言われると「絶対的な」という意味になる。

〔19〕フランス語の décision は決定や決断を意味するが、語源はラテン語の de- + caedere であり、caedere は、打つ、切断する、傷つける、殺す、突き入れる、犠牲に供する、等々の多様な意味になる。基本的には、打撃を与えることを指すと考えられるが、その結果が、決定や決断になると考えられている(神による世界創造、偶然的宿命を指す賽子の一投、さらに精神分析におけるトラウマなどが連想される)。caedere の語義が示唆する内容を存在論的に翻訳すれば、レヴィナスやデリダに大きな影響を与えているハイデガーにおける「贈与(Es gibt)」「性起(Ereignis)」「決断性(Entschlossenheit)」といったモチーフにもつながり、おそらくデリダは décision ということでハイデガー的な局面のことも考えていると思われる。したがって、レヴィナスやデリダが言う décision(決定＝決断)は、たんに主体的な意志や行為のことを指すのではなく、主体以前の、主体の主体化を引き起こす水準における「決定」「決断」(ある種の「宿‐命」＝「生」の宿り)のことを指していると考えられる。décision にはとりあえず「決断」という訳語を与える(という翻訳決断をした)が、日本語でこの語が強くもっている主観的なニュアンスにおいてではな

く、主観性以前の――ハイデガー流に言えば「存在論」レベルの、レヴィナス流に言えば「倫理」レベルの――の事態を指していると理解する必要がある。

〔20〕「空隙を穿ち」と訳出した語は espacer であり、デリダの初期からのキーワードの一つである(名詞形は espacement)。ふつうは「空間化」(空間を作り出すこと、空間的運動)のことを指すが、デリダにおいては時間‐空間に先立つ「間隙」の産出運動のことを指す(それが同時に「空間化」でもある)。日本語流に言ってみれば、時間と空間の双方に含まれる「間」の運動と言ってよい。「空‐間」という日本語ももともとは「空」や「間」のことを指すが、現用では「空」や「間」が産出した結果としての「空間」「広がり」「延長」を指すようになっており、「空間化」と訳出すると誤解が生じるため、「空隙化」とした(「間隙化」も可能であるが、その場合は、空のニュアンスが失われる)。

〔21〕「裂孔」の原語は hiatus。言語学では「母音衝突」のことを指し、母音と母音のあいだの途切れのことである(フランス語ではこの現象は嫌われる)。語源はギリシア語の hiare で、口を開くこと、あくびをすること、ぱっくりと穴が空くこと、である。デリダにおいては「空隙化(espacement)」の言い換えであり、ハイデガーにおける存在の開け(Dasein や Freiheit や Anfang 等々)という事態をデリダ流に脱構築して書き換えたものと思われるが、デリダにおいては、それが口(言葉)の開け＝発言(言語使用)、一種の存在論的な「あくび」＝間延び(差延)、さらには世界の開け＝世界の「穴」、存在の肉に空いた亀裂・裂け目、ファルス(陽部)／ヴァギナ(陰部)の二重性と交合性、陰陽の性的運動としても考えられている。それはハイデガーに代表

される伝統的な比喩システム、哲学の礼儀作法に則った「お行儀のよい」比喩システムに対するデリダからの挑戦であり、たんなる挑発に終わらない、形而上学システムの内実を上書きする作業と言ってよい。この挑戦は、ある意味で麗しくも「神々しい」あるいは「悲壮（受難）」感のあるレヴィナス「倫理学」の言語システムに対しても向けられていると思われる。

〔22〕ここで言う Faktum はもとはラテン語で「なされたこと、作られたもの」（動詞 facere の過去分詞）であるが、それに由来するフランス語の fait が一般的に、経験上の事実、認識したり確認することのできる事実を意味するのに対して、ここでデリダが指摘している裂孔や沈黙の「事実性」とは、そうした経験や認識（主観／客観）に先行する、いわば「先験的」な水準における「なされてしまったこと」、いわば先験的事実性を指している。

〔23〕「決断・決定」や「責任」や「言葉」を「得る」という言い回しは日本語ではやや不自然だが、フランス語では「決定・決断（décision）」や「言葉（parole）」は prendre（得る・取る）と表現される（「言葉を得る（prendre la parole）＝発言する」、「決定を得る（prendre la décision）＝決定する・決断する」）ので本文のように訳出した。また、donner la parole（言葉を与える）も「約束する」という意味でフランス語で日常的に使われる言い回しである。いずれにせよ、ここでデリダは「取得（prendre）」と「贈与（donner）」の対（立）関係を〈応答／答えなし〉の問題系から問い直している。まずデリダは（おそらくオースティンの言語行為論等々も踏まえながら）、あらゆる「発話（言葉を取ること）」は根源的に「約束（言葉を与えること）」（遂行的発話）であると考えており、すなわち、贈与が取得や所有に先行すると考えている。この点にデリダの存在論的アナーキ

ズムを見て取ることができる(デリダからすれば、「存在論的(ontologique)」というよりも「憑在論的(hantologique)」と言うべきだろうが)。この言葉の贈与と取得の構造も、一種の配送業(存在論的配送業、時空の配送業)や贋金の経済学として捉えられる(デリダ『時間を与えるI』および『時間を与えるII』等々で論じられている)。しかし、この贈与の「先行性」(「優先性」や「優位性」とは言わないでおこう)は、ある種の「答えなし」——擬似超越論的・擬似先験的な次元(憑在論的次元)における裂孔・開孔・間隙・分裂——によって可能になるとデリダは考えている。

〔24〕周知のように、ヘーゲルの弁証法は、世界の全領域を貫通する論理《ロゴス》的な「矛盾」を原動力として駆動し、もろもろの矛盾を止揚(超克)し、全一的な絶対知、絶対精神へと到達する。デリダはこうしたヘーゲル的な、最終的に(歴史の終焉=目的において)回収され、超人類的な集合知の「踏み台」「材料」として「使用」されるにすぎない矛盾とは異なる「反言」という在り方をレヴィナスのなかに見る。弁証法化されない「矛盾」、矛盾ならざる矛盾である。もちろん、レヴィナス自身がヘーゲル弁証法を意識したうえで「矛盾」を「反言」へと書き換えており、デリダはそれに「教え」られている。

〔25〕「承認」のフランス語 reconnaissance は、re-+connaître すなわち「再び-知る」こと、知りなおすこと、……についての知を作りなおすこと、でもある。また語源的な根拠はないが、re-+co-+naître との連想もはたらき、その場合は、再び-共に-生まれる(生まれかわる)という意味にもなるだろう。

〔26〕原語の avant-veille はふつう「前々日」の意味であるが、ここではデリダの思想内容をふまえて「前夜(veille)‐以前(avant)」と訳出した。ここで言う「前夜」とは、出来事の前日の夜(卑俗な例で言えば、クリスマス・イヴや前夜祭)のことであるが、出来事の起源として捉えられている。したがって前夜以前とは、起源以前ということである。この「前夜」の思想も(来たるべき出来事、真理や救済の到来といった広い意味でのメシアニズムをも含め)、西洋思想において多様な伝統がある(たとえば、知の鳥＝梟は徹夜して世界を見張る(veiller)といった夜警のモチーフやそれにつながる「知恵の鳥は黄昏時に飛ぶ」(ヘーゲル『法の哲学』「序文」)等々)。

〔27〕accord というフランス語は、調和、合意、協定という意味の他に、音楽でいう「和音」のことも指す。日常会話で頻繁に使う D'accord! は「オーケー」「了解」という意味。また動詞の accorder は、同意して許し与えることを指し、たとえば時間を割くこと、女性が(に)結婚を許すことなどにも言われる(おそらくデリダにとって、accord がもつ音楽的な意味あいや、時間や結婚における贈与の問題との関係は無視できない)。

〔28〕原文の le plus-de-sens は、訳出したように「さらなる意味(意味の過剰)」と「もはや意味なし」の両方に理解できる。デリダはこの plus de... という表現をしばしばこの二重の意味で用いる。意味を過剰にインフレーションさせることは、意味を失うことである。とりわけ、無限であるような意味はもはや意味ではないだろう。その意味で、意味とは有限である。

〔29〕「割り当て」の原語は assignation。この語は多義的であり、割り当て以外にも、指定、任命、裁判所への呼び出し、さらに古くは恋人との密会(の約束)のことも意味した。signe という語を

含むことからもわかるように、もともとの意味は、記号で示す（指示する）こと、印を付加すること、書名《サイン》すること、である。

〔30〕ここで「項（terme）」というのは、終端であり末端、もしくは今日流に言えば、端末である。terme は「期限」や「用語（言葉＝事の端）」のことも指すが、もとはラテン語の terminus に由来し、境界標、限界あるもの、区切られたもの、終端にあるもの、という意味である。ここではレヴィナスは、個のこと（神であれ個人であれ）を terme（限界づけられたもの）と呼んでいる。

〔31〕プラトンの「善のイデア」（太陽に譬えられる）にせよ、キリスト教の創造主にせよ、それらは存在の彼方（epekeina tes ousias）で光り輝く。

〔32〕ここでレヴィナス／デリダは、他者性にもとづく時間のメカニズムを強く「未来（avenir）」として表象している。彼らにとって、他者（いっそう正確に言えば、他者の他者性）は、à-venir すなわち来たるべきもの（来たるべき未来）であり、レヴィナスの à-Dieu という文句には、このà-Venir の可能性が込められているだろう（少なくともデリダはそう読んでいる）。その場合、Dieu（神）は、救済をもたらす人格神や実在者（実体）、全知全能者ではなく（そうした存在者は斬首される——親殺し）、誰とも何とも分からない（判別も分別もつかない）到来可能性そのものへと書き換えられることになるだろう。こうした à-Dieu はなによりもまず、神へのアデューであるだろう（しかしレヴィナスとデリダのあいだに「温度差」はある）。そこにデリダの考える「アナーキズム」＝脱アルケー主義、ある種の「無神論」（メシアなきメシア性）がある。

〔33〕「配慮」は souci の訳語であるが、souci はラテン語の sollicitare（強く動かす、動揺させる）に

由来する。さらに sollicitare は sollus（全体の）＋ciere（動かす）からなり、全体を揺り動かす、という意味である（そこから sollicitier は、要請する、懇願する、という意味になる）。また「心配」と訳した préoccupation は、pré-（前もって）＋occuper（占めること）からなり、ある事柄について心が占められていること＝心配すること、である。souci も préoccupation も、ハイデガーの『存在と時間』における Sorge（気遣い）の仏訳語として使用された経緯があり、レヴィナスはハイデガーとの関係を意識している（もちろんデリダも）。

訳者あとがき

本書は、Jacques Derrida, *Adieu—à Emmanuel Lévinas*, Galilée, 1997 の全訳である。本書はもともと拙訳『アデュー――エマニュエル・レヴィナスへ』(岩波書店、二〇〇四年)として単行本で出版されたものだが、このたび文庫化にあたり、訳文を全面的に見なおし、口調も「ですます」調に改めた。本文に大幅に加筆・修正をほどこし、訳注にも変更・異同が多い。事実上の「新訳」である。

文庫化にあたって、出版元であるガリレー社から、訳注や訳者解説の類をなるべく付けないようにとの条件を出されたため、単行本にあった訳者解説は削除した。また文庫化に際して新たに書きおろそうと考えていた新しい訳者解説――二〇二三年の現在において起きているイスラエル／ハマス紛争に対してデリダの思想がもつ意義を主張する文章――も書かないことにした。単行本にあった訳注のいくつかも削除した。

翻訳に際しては、デリダが論じている書籍の日本語既訳におおいに助けられているが、本書の訳文はすべて訳者がデリダのフランス語原書から訳出していて既訳を踏襲していないため、既訳のページ参照指示は付けなかった。先人たちの翻訳の恩恵と苦労に感謝しつつも、参照した邦訳を記載していない無礼をどうぞお許しください。

最後に、思い出を一つ。私がフランスのデリダのもとに留学したのは、まさにレヴィナスが亡くなった一九九五年だった。その年、意気揚々とフランスに留学した私を待っていたのは、欧米先進国で初めて大規模で起こったと言われる反ネオリベ改革運動の大ストライキだった。一カ月以上、地下鉄やバスがすべて止まり、一〇月から早くも雪が降りしきるなか、朝早く薄暗いパリの右も左もわからないストリートを徒歩で彷徨《さまよ》いながら、パリ高等師範学校とパリ社会科学高等研究院の授業へ向かったときの、あの心細さ。そして、そんな暗闇のなかでパリの労働者たちが見せてくれたラディカルな抵抗・反抗の炎と闘争心。それはいまでも私の心に刻まれている。

デリダに面談して、彼の講義(『歓待について』のセミネール)を聴き始めた直後、ドゥルーズがパリのアパルトマンから投身自殺した。そしてクリスマスの日、レヴィナスが亡くなった。生とは何か、死とは何か、そして思想家の死とは何かを考えさせられた。そして身の回りで生じている、移民たちの生の排除（国の境界線の外への追放、強制収容・強制退去、エクソダス）と難民たちの制限・排斥という政治・社会的環境のなかで、デリダが訴える「歓待」「迎え入れ」の意義を考えさせられた。

『アデュー』は、私にとって、こうした多種多様な政治的・社会的・文化的なコンテクストから織り上げられ、多数の声が交差するマルチチュードのテクスト（「織物」というテクストの語源的な意味で）である。それはレヴィナスという「先輩」に向けて投じられた、レヴィナスからの遺言にデリダが応答した言葉であり、私にとっては、遺言の遺言――遺言の連鎖――である。

彼らの遺言を私は「翻訳」というかたちでうまく伝言できているだろうか。しっかりとバトンリレーできているだろうか。哲学の駅伝ランナーとして、襷をつないでいるだろうか。

この翻訳（translation）が個体や世代を超えた（trans）置き換え・手渡し《パス》（lation）として作用し、また読者がそれぞれの仕方で、遺言（レヴィナス）の遺言（デリダ）の遺言（この翻訳＝藤本）を受け取って受け継ぎ、さらに読者自身の放つ《パス》遺言として、後世に受け継いでいってもらえれば幸いである。お互い死すべき渡世《パサージュ》の存在として、いわば遺言の共同体を脱構築的に構築する共同作業《コミュニズム》に参加してほしい。これが私の散種の願いである。

二〇二四年八月一日

藤本一勇

アデュー ―エマニュエル・レヴィナスへ
デリダ著

2024年10月11日　第1刷発行

訳　者　藤本一勇《ふじもとかずいさ》

発行者　坂本政謙

発行所　株式会社　岩波書店
〒101-8002 東京都千代田区一ツ橋2-5-5

案内 03-5210-4000　営業部 03-5210-4111
文庫編集部 03-5210-4051
https://www.iwanami.co.jp/

印刷・三陽社　カバー・精興社　製本・中永製本

ISBN 978-4-00-386047-2　　Printed in Japan

読書子に寄す

――岩波文庫発刊に際して――

岩波茂雄

真理は万人によって求められることを自ら欲し、芸術は万人によって愛されることを自ら望む。かつては民を愚昧ならしめるために学芸が最も狭き堂宇に閉鎖されたことがあった。今や知識と美とを特権階級の独占より奪い返すことはつねに進取的なる民衆の切実なる要求である。岩波文庫はこの要求に応じそれに励まされて生まれた。それは生命ある不朽の書を少数者の書斎と研究室とより解放して街頭にくまなく立たしめ民衆に伍せしめるであろう。近時大量生産予約出版の流行を見る。その広告宣伝の狂態はしばらくおくも、後代にのこすと誇称する全集がその編集に万全の用意をなしたるか。千古の典籍の翻訳企図に敬虔の態度を欠かざりしか。さらに分売を許さず読者を繫縛して数十冊を強うるがごとき、はたしてその揚言する学芸解放のゆえんなりや。吾人は天下の名士の声に和してこれを推挙するに躊躇するものである。このときにあたって、岩波書店は自己の責務のいよいよ重大なるを思い、従来の方針の徹底を期するため、すでに十数年以前より志して来た計画を慎重審議この際断然実行することにした。吾人は範をかのレクラム文庫にとり、古今東西にわたって文芸・哲学・社会科学・自然科学等種類のいかんを問わず、いやしくも万人の必読すべき真に古典的価値ある書をきわめて簡易なる形式において逐次刊行し、あらゆる人間に須要なる生活向上の資料、生活批判の原理を提供せんと欲する。この文庫は予約出版の方法を排したるがゆえに、読者は自己の欲する時に自己の欲する書物を各個に自由に選択することができる。携帯に便にして価格の低きを最主とするがゆえに、外観を顧みざるも内容に至っては厳選最も力を尽くし、従来の岩波出版物の特色をますます発揮せしめようとする。この計画たるや世間の一時の投機的なるものと異なり、永遠の事業として吾人は微力を傾倒し、あらゆる犠牲を忍んで今後永久に継続発展せしめ、もって文庫の使命を遺憾なく果たさしめることを期する。芸術を愛し知識を求むる士の自ら進んでこの挙に参加し、希望と忠言とを寄せられることは吾人の熱望するところである。その性質上経済的には最も困難多きこの事業にあえて当たらんとする吾人の志を諒として、その達成のため世の読書子とのうるわしき共同を期待する。

昭和二年七月

《哲学・教育・宗教》〔青〕

- ソクラテスの弁明・クリトン　プラトン　久保勉訳
- ゴルギアス　プラトン　加来彰俊訳
- 饗宴　プラトン　久保勉訳
- テアイテトス　プラトン　田中美知太郎訳
- パイドロス　プラトン　藤沢令夫訳
- メノン　プラトン　藤沢令夫訳
- 国家　全二冊　プラトン　藤沢令夫訳
- プロタゴラス　—ソフィストたち　プラトン　藤沢令夫訳
- パイドン　—魂の不死について　プラトン　岩田靖夫訳
- アナバシス　—敵中横断六〇〇〇キロ　クセノポン　松平千秋訳
- アリストテレス　ニコマコス倫理学　全二冊　高田三郎訳
- アリストテレス　形而上学　全二冊　出隆訳
- アリストテレス　弁論術　戸塚七郎訳
- アリストテレース詩学　ホラーティウス詩論　松本仁助・岡道男訳
- 物の本質について　ルクレーティウス　樋口勝彦訳
- エピクロス　—教説と手紙　出隆・岩崎允胤訳

- 生の短さについて　他二篇　セネカ　大西英文訳
- 怒りについて　他二篇　セネカ　兼利琢也訳
- エピクテトス　人生談義　全二冊　國方栄二訳
- 人さまざま　テオプラストス　森進一訳
- マルクス・アウレーリウス　自省録　神谷美恵子訳
- 老年について　キケロー　中務哲郎訳
- 友情について　キケロー　中務哲郎訳
- 弁論家について　全二冊　キケロー　大西英文訳
- 平和の訴え　エラスムス　箕輪三郎訳
- エラスムス＝トマス・モア往復書簡　沓掛良彦・高田康成訳
- 方法序説　デカルト　谷川多佳子訳
- 哲学原理　デカルト　桂寿一訳
- 精神指導の規則　デカルト　野田又夫訳
- 情念論　デカルト　谷川多佳子訳
- パンセ　全三冊　パスカル　塩川徹也訳
- パスカル　小品と手紙　塩川徹也・望月ゆか訳
- スピノザ　神学・政治論　全二冊　畠中尚志訳

- 知性改善論　スピノザ　畠中尚志訳
- スピノザ　エチカ（倫理学）　全二冊　畠中尚志訳
- スピノザ　国家論　畠中尚志訳
- スピノザ往復書簡集　畠中尚志訳
- デカルトの哲学原理　—附 形而上学的思想　スピノザ　畠中尚志訳
- スピノザ　神・人間及び人間の幸福に関する短論文　畠中尚志訳
- モナドロジー　他二篇　ライプニッツ　谷川多佳子・岡部英男訳
- ノヴム・オルガヌム（新機関）　ベーコン　桂寿一訳
- 市民の国について　全二冊　ヒューム　小松茂夫訳
- 自然宗教をめぐる対話　ヒューム　犬塚元訳
- 君主の統治について　—謹んでキプロス王に捧げる　トマス・アクィナス　柴田平三郎訳
- 精選　神学大全　全四冊　トマス・アクィナス　山本芳久編／稲垣良典訳
- エミール　全三冊　ルソー　今野一雄訳
- 人間不平等起原論　ルソー　本田喜代治・平岡昇訳
- ルソー　社会契約論　桑原武夫・前川貞次郎訳
- 言語起源論　—旋律と音楽的模倣について　ルソー　増田真訳
- ディドロ　絵画について　佐々木健一訳

純粋理性批判 全三冊	カント　篠田英雄訳
カント 実践理性批判	波多野精一・宮本和吉・篠田英雄訳
判断力批判 全二冊	カント　篠田英雄訳
永遠平和のために	カント　宇都宮芳明訳
プロレゴメナ	カント　篠田英雄訳
人倫の形而上学 全二冊	カント　熊野純彦・宮村悠介訳
シュライエルマッハー 独白	木場深定訳
ヘーゲル 政治論文集 全二冊	金子武蔵訳
哲学史序論 —哲学と哲学史	ヘーゲル　武市健人訳
歴史哲学講義 全二冊	ヘーゲル　長谷川宏訳
法の哲学 —自然法と国家学の要綱	ヘーゲル　上妻精・佐藤康邦・山田忠彰訳
学問論	シェリング　西川富雄・藤田正勝監訳
自殺について 他四篇	ショウペンハウエル　斎藤信治訳
読書について 他二篇	ショウペンハウエル　斎藤忍随訳
知性について 他四篇	ショーペンハウエル　細谷貞雄訳
不安の概念	キェルケゴール　斎藤信治訳
死に至る病	キェルケゴール　斎藤信治訳

体験と創作 全二冊	ディルタイ　柴田治三郎・小牧健夫訳
眠られぬ夜のために 全二冊	ヒルティ　草間平作・大和邦太郎訳
幸福論 全三冊	ヒルティ　草間平作・大和邦太郎訳
悲劇の誕生	ニーチェ　秋山英夫訳
ツァラトゥストラはこう言った 全二冊	ニーチェ　氷上英廣訳
道徳の系譜	ニーチェ　木場深定訳
善悪の彼岸	ニーチェ　木場深定訳
この人を見よ	ニーチェ　手塚富雄訳
プラグマティズム	W・ジェイムズ　桝田啓三郎訳
宗教的経験の諸相 全二冊	W・ジェイムズ　桝田啓三郎訳
日常生活の精神病理	フロイト　高田珠樹訳
精神分析入門講義 全二冊	フロイト　高田珠樹・新宮一成・須藤訓任・道籏泰三訳
純粋現象学及現象学的哲学考案 全二冊	フッセル　池上鎌三訳
デカルト的省察	フッサール　浜渦辰二訳
愛の断想・日々の断想	ジンメル　清水幾太郎訳
ジンメル宗教論集	深澤英隆編訳
笑い	ベルクソン　林達夫訳

道徳と宗教の二源泉	ベルクソン　平山高次訳
物質と記憶	ベルクソン　熊野純彦訳
時間と自由	ベルクソン　中村文郎訳
ラッセル教育論	安藤貞雄訳
ラッセル幸福論	安藤貞雄訳
存在と時間 全四冊	ハイデガー　熊野純彦訳
学校と社会	デューイ　宮原誠一訳
民主主義と教育 全二冊	デューイ　松野安男訳
我と汝・対話	マルティン・ブーバー　植田重雄訳
アラン 幸福論	神谷幹夫訳
アラン 定義集	神谷幹夫訳
天才の心理学	E・クレッチュマー　内村祐之訳
英語発達小史	H・ブラッドリ　寺澤芳雄訳
日本の弓術	オイゲン・ヘリゲル述　柴田治三郎訳
似て非なる友について 他三篇	プルタルコス　柳沼重剛訳
ことばのロマンス —英語の語源	ウィークリー　寺澤芳雄・出淵博訳
ヴィーコ 学問の方法	上村忠男・佐々木力訳

国家と神話 全二冊　カッシーラー　熊野純彦訳
天才・悪　ブレンターノ　篠田英雄訳
人間の頭脳活動の本質 他一篇　ディーツゲン　小松摂郎訳
反啓蒙思想 他二篇　バーリン　松本礼二編
マキアヴェッリの独創性 他三篇　バーリン　川出良枝編
ロシア・インテリゲンツィヤの誕生 他五篇　バーリン　桑野隆編
論理哲学論考　ウィトゲンシュタイン　野矢茂樹訳
自由と社会的抑圧　シモーヌ・ヴェイユ　冨原眞弓訳
根をもつこと 全二冊　シモーヌ・ヴェイユ　冨原眞弓訳
重力と恩寵　シモーヌ・ヴェイユ　冨原眞弓訳
全体性と無限 全二冊　レヴィナス　熊野純彦訳
啓蒙の弁証法 —哲学的断想　M・ホルクハイマー T・W・アドルノ　徳永恂訳
ヘーゲルからニーチェへ 十九世紀思想における革命的断絶 全二冊　レーヴィット　三島憲一訳
統辞構造論 付『言語理論の論理構造』序論　チョムスキー　福井直樹 辻子美保子訳
統辞理論の諸相 方法論序説　チョムスキー　福井直樹 辻子美保子訳
快楽について　ロレンツォ・ヴァッラ　近藤恒一訳
ニーチェ みずからの時代と闘う者　ルドルフ・シュタイナー　高橋巖訳

フランス革命期の公教育論　コンドルセ他　阪上孝編訳
人間の教育 全二冊　フレーベル　荒井武訳
旧約聖書 創世記　関根正雄訳
旧約聖書 出エジプト記　関根正雄訳
旧約聖書 ヨブ記　関根正雄訳
旧約聖書 詩篇　関根正雄訳
新約聖書 福音書　塚本虎二訳
文語訳 新約聖書 詩篇付
文語訳 旧約聖書 全四冊
キリストにならいて　トマス・ア・ケンピス　大沢章 呉茂一訳
聖アウグスティヌス 告白 全二冊　服部英次郎訳
アウグスティヌス 神の国 全五冊　服部英次郎 藤本雄三訳
新訳 キリスト者の自由・聖書への序言　マルティン・ルター　石原謙訳
キリスト教と世界宗教　シュヴァイツェル　鈴木俊郎訳
カルヴァン小論集　波木居斉二編訳
聖なるもの　オットー　久松英二訳
コーラン 全三冊　井筒俊彦訳

エックハルト説教集　田島照久編訳
ムハンマドのことば ハディース　小杉泰編訳
新約聖書外典 ナグ・ハマディ文書抄　荒井献 大貫隆 小林稔 筒井賢治 編訳
後期資本主義における正統化の問題　ハーバーマス　山田正行・金慧訳
シンボルの哲学 —理性、祭礼、芸術のシンボル試論　S・K・ランガー　塚本明子訳
ジャック・ラカン 精神分析の四基本概念 全二冊　ジャック＝アラン・ミレール編　小出浩之 新宮一成 鈴木國文 小川豊昭 訳
精神と自然 生きた世界の認識論　グレゴリー・ベイトソン　佐藤良明訳
精神の生態学へ 全三冊　グレゴリー・ベイトソン　佐藤良明訳
人間の知的能力に関する試論 全二冊　トマス・リード　戸田剛文訳
開かれた社会とその敵 全四冊　カール・ポパー　小河原誠訳

《日本思想》〔青〕

- 風姿花伝（花伝書）　世阿弥／野上豊一郎・西尾実校訂
- 五輪書　宮本武蔵／渡辺一郎校注
- 葉隠　全三冊　山本常朝／和辻哲郎・古川哲史校訂
- 養生訓・和俗童子訓　貝原益軒／石川謙校訂
- 貝原益軒 大和俗訓　石川謙校訂
- 蘭学事始　杉田玄白／緒方富雄校註
- 島津斉彬言行録　牧野伸顕序
- 塵劫記　吉田光由／大矢真一校注
- 兵法家伝書　付 新陰流兵法目録事　柳生宗矩／渡辺一郎校注
- 農業全書　宮崎安貞編録／貝原楽軒刪補／土屋喬雄校訂
- 上宮聖徳法王帝説　東野治之校注
- 霊の真柱　平田篤胤／子安宣邦校注
- 仙境異聞・勝五郎再生記聞　平田篤胤／子安宣邦校注
- 茶湯一会集・閑夜茶話　井伊直弼／戸田勝久校注
- 西郷南洲遺訓　附 手抄言志録及遺文　山田済斎編
- 文明論之概略　福沢諭吉／松沢弘陽校注
- 新訂 福翁自伝　富田正文校訂
- 学問のすゝめ　福沢諭吉
- 福沢諭吉教育論集　山住正己編
- 福沢諭吉家族論集　中村敏子編
- 福沢諭吉の手紙　慶應義塾編
- 新島襄の手紙　同志社編
- 新島襄 教育宗教論集　同志社編
- 新島襄自伝 —手記・紀行文・日記　同志社編
- 植木枝盛選集　家永三郎編
- 日本の下層社会　横山源之助
- 中江兆民 三酔人経綸問答　桑原武夫・島田虔次訳・校注
- 中江兆民評論集　松永昌三編
- 一年有半・続一年有半　中江兆民／井田進也校注
- 憲法義解　伊藤博文／宮沢俊義校註
- 日本風景論　志賀重昂／近藤信行校訂
- 日本開化小史　田口卯吉／嘉治隆一校訂
- 新訂 蹇蹇録 —日清戦争外交秘録　陸奥宗光／中塚明校注
- 茶の本　岡倉覚三／村岡博訳
- 武士道　新渡戸稲造／矢内原忠雄訳
- 新渡戸稲造論集　鈴木範久編
- キリスト信徒のなぐさめ　内村鑑三
- 余はいかにしてキリスト信徒となりしか　内村鑑三／鈴木範久訳
- 代表的日本人　内村鑑三／鈴木範久訳
- 後世への最大遺物・デンマルク国の話　内村鑑三
- 宗教座談　内村鑑三
- ヨブ記講演　内村鑑三
- 足利尊氏　山路愛山
- 徳川家康　全二冊　山路愛山
- 妾の半生涯　福田英子
- 三十三年の夢　宮崎滔天／島田虔次・近藤秀樹校注
- 善の研究　西田幾多郎
- 西田幾多郎哲学論集 II —論理と生命 他四篇　上田閑照編
- 西田幾多郎哲学論集 III —自覚について 他四篇　上田閑照編
- 西田幾多郎歌集　上田薫編

西田幾多郎講演集　田中裕編
西田幾多郎書簡集　藤田正勝編
帝国主義　幸徳秋水　山泉進校注
兆民先生 他八篇　幸徳秋水　梅森直之校注
基督抹殺論　幸徳秋水
貧乏物語　河上肇　大内兵衛解題
河上肇評論集　杉原四郎編
西欧紀行 祖国を顧みて　河上肇
中国文明論集　宮崎市定　礪波護編
史記を語る　宮崎市定
中国史 全二冊　宮崎市定
大杉栄評論集　飛鳥井雅道編
女工哀史　細井和喜蔵
奴隷 —小説・女工哀史1　細井和喜蔵
工場 —小説・女工哀史2　細井和喜蔵
初版 日本資本主義発達史 全二冊　野呂栄太郎
谷中村滅亡史　荒畑寒村

遠野物語・山の人生　柳田国男
海上の道　柳田国男
野草雑記・野鳥雑記　柳田国男
孤猿随筆　柳田国男
婚姻の話　柳田国男
都市と農村　柳田国男
十二支考 全二冊　南方熊楠
津田左右吉歴史論集　今井修編
特命全権大使 米欧回覧実記 全五冊　久米邦武編　田中彰校注
日本イデオロギー論　戸坂潤
古寺巡礼　和辻哲郎
風土 —人間学的考察　和辻哲郎
イタリア古寺巡礼　和辻哲郎
倫理学 全四冊　和辻哲郎
人間の学としての倫理学　和辻哲郎
日本倫理思想史 全四冊　和辻哲郎
「いき」の構造 他二篇　九鬼周造

九鬼周造随筆集　菅野昭正編
偶然性の問題　九鬼周造
時間論 他二篇　九鬼周造　小浜善信編
田沼時代　辻善之助
パスカルにおける人間の研究　三木清
構想力の論理 全二冊　三木清
漱石詩注　吉川幸次郎
新版 きけわだつみのこえ —日本戦没学生の手記　日本戦没学生記念会編
新版 第二集 きけわだつみのこえ —日本戦没学生の手記　日本戦没学生記念会編
君たちはどう生きるか　吉野源三郎
地震・憲兵・火事・巡査　山崎今朝弥　森長英三郎編
懐旧九十年　石黒忠悳
武家の女性　山川菊栄
覚書 幕末の水戸藩　山川菊栄
忘れられた日本人　宮本常一
家郷の訓　宮本常一
大阪と堺　三浦周行　朝尾直弘編

国家と宗教 ―ヨーロッパ精神史の研究 南原繁
石橋湛山評論集 松尾尊兊編
民藝四十年 柳宗悦
手仕事の日本 柳宗悦
工藝文化 柳宗悦
南無阿弥陀仏 付 心偈 柳宗悦
柳宗悦茶道論集 熊倉功夫編
雨夜譚 ―渋沢栄一自伝 長幸男校注
中世の文学伝統 風巻景次郎
平塚らいてう評論集 小林登美枝 米田佐代子編
最暗黒の東京 松原岩五郎
日本の民家 今和次郎
原爆の子 ―広島の少年少女のうったえ 全二冊 長田新編
暗黒日記 ―一九四二―一九四五 清沢洌 山本義彦編
臨済・荘子 前田利鎌
『青鞜』女性解放論集 堀場清子編
大津事件 ―ロシア皇太子大津遭難 尾佐竹猛 三谷太一郎校注

幕末遣外使節物語 ―夷狄の国へ 尾佐竹猛 吉良芳恵校注
極光のかげに ―シベリア俘虜記 高杉一郎
イスラーム文化 ―その根柢にあるもの 井筒俊彦
意識と本質 ―精神的東洋を索めて 井筒俊彦
神秘哲学 ―ギリシアの部 井筒俊彦
意味の深みへ ―東洋哲学の水位 井筒俊彦
コスモスとアンチコスモス 東洋哲学のために 井筒俊彦
幕末政治家 福地桜痴 佐々木潤之介校注
渡辺一夫評論選 狂気について 他二十二篇 大江健三郎 清水徹編
維新旧幕比較論 木下真弘 宮地正人校注
被差別部落一千年史 高橋貞樹 沖浦和光校注
花田清輝評論集 粉川哲夫編
英国の文学 吉田健一
中井正一評論集 長田弘編
山びこ学校 無着成恭編
考史遊記 桑原隲蔵
福沢諭吉の哲学 他六篇 丸山眞男 松沢弘陽編

政治の世界 他十篇 丸山眞男 松本礼二編注
超国家主義の論理と心理 他八篇 丸山眞男 古矢旬編
田中正造文集 全二冊 由井正臣 小松裕編
国語学史 時枝誠記
定本 育児の百科 全三冊 松田道雄
大西祝選集 哲学篇 全三冊 小坂国継編
哲学の三つの伝統 他十二篇 野田又夫
大隈重信演説談話集 早稲田大学編
大隈重信自叙伝 早稲田大学編
人生の帰趣 山崎弁栄
転回期の政治 宮沢俊義
何が私をこうさせたか ―獄中手記 金子文子
明治維新 遠山茂樹
禅海一瀾講話 釈宗演
明治政治史 岡義武
転換期の大正 岡義武
山県有朋 ―明治日本の象徴 岡義武

岩波文庫の最新刊

ベティ・フリーダン著／荻野美穂訳

女らしさの神話（上）（下）

女性の幸せは結婚と家庭にあるとする「女らしさの神話」を批判し、その解体を唱える。二〇世紀フェミニズムの記念碑的著作、初の全訳。（全二冊）〔白二三四-一、二〕 **定価（上）一五〇七、（下）一三五三円**

太宰治作／安藤宏編

富嶽百景・女生徒 他六篇

昭和一二—一五年発表の八篇。表題作他「華燭」「葉桜と魔笛」等、スランプを克服し〈再生〉へ向かうエネルギーを感じさせる。（注＝斎藤理生、解説＝安藤宏）〔緑九〇-九〕 **定価九三五円**

ヘルダー著／嶋田洋一郎訳

人類歴史哲学考（五）

第四部第十八巻—第二十巻を収録。中世ヨーロッパを概観。キリスト教の影響やイスラム世界との関係から公共精神の発展を描く。（全五冊）〔青N六〇八-五〕 **定価一二七六円**

今月の重版再開

栗田靖編

碧梧桐俳句集

定価一二七六円 〔緑一六六-二〕

穂積陳重著

法窓夜話

定価一四三〇円 〔青一四七-一〕

定価は消費税10％込です　2024. 9

岩波文庫の最新刊

デリダ著／藤本一勇訳
アデュー
―エマニュエル・レヴィナスへ―

レヴィナスから受け継いだ「アデュー」という言葉。デリダの応答は、その遺産を存在論や政治の彼方にある倫理、歓待の哲学へと導く。
〔青N六〇五-二〕 定価一二一〇円

ヘリオドロス作／下田立行訳
エティオピア物語（上）

ナイル河口の殺戮現場に横たわる、手負いの凜々しい若者と、女神の如き美貌の娘――映画さながらに波瀾万丈、古代ギリシアの恋愛冒険小説巨編。（全二冊）
〔赤一二七-一〕 定価一〇〇一円

永井荷風著／中島国彦・多田蔵人校注
断腸亭日乗（二） 大正十五―昭和三年

永井荷風（一八七九―一九五九）の四十一年間の日記。（二）は、大正十五年より昭和三年まで。大正から昭和の時代の変動を見つめる。（注解・解説＝中島国彦）（全九冊）
〔緑四二-一五〕 定価一一八八円

ゲルツェン著／金子幸彦・長縄光男訳
過去と思索（四）

一八四八年六月、臨時政府がパリ民衆に加えた大弾圧は、ゲルツェンの思想を新しい境位に導いた。専制支配はここにもある。西欧への幻想は消えた。（全七冊）
〔青N六一〇-五〕 定価一六五〇円

……今月の重版再開……

ディオゲネス・ラエルティオス著／加来彰俊訳
ギリシア哲学者列伝（上）（中）（下）
〔青六六三-一～三〕 定価各一二七六円

定価は消費税10％込です　2024. 10